이야기로 생각을 키우는
처음 독해·논술

② 과학·환경 편

미래스쿨콘텐츠연구소 지음 · 달콩 그림

미래주니어

머리말

생활 속 주제로 시작하는
과학·환경 첫 글쓰기

아이들이 처음 배우는 '읽기'는 단순히 글자를 읽기만 하는 것이 아닙니다. 글자를 소리 내어 읽는 동시에 그 안에 담긴 뜻을 이해하고, 내용을 파악해야 합니다. 더욱이 문학 작품을 읽을 때는 주인공의 마음을 헤아리며, 나만의 생각으로 이어갈 수 있어야 비로소 '진짜 읽기'가 됩니다. 이처럼 처음 배우는 독해와 논술도 어떻게 시작하느냐에 따라 초등 공부의 뿌리인 읽고 쓰는 학습의 깊이가 달라집니다.

《처음 독해·논술》은 초등 입학 전에 꼭 익혀야 할 독해와 글쓰기의 기초를 주제별로 차근차근 배우는 독해·논술 학습서입니다. 이제 막 한글을 익히고 스스로 책을 읽기 시작했다면, 다음 단계에 알맞는 너무 어렵지 않은 독해와 논술 문제를 통해 단계별 학습을 진행해야 합니다.

《처음 독해·논술2》는 우리 생활 속 자연을 살펴보고 과학과 환경 이야기를 잘 엮어 아이들이 흥미롭게 독해와 논술을 시작할 수 있게 구성했습니다. 또한, 비문학 글을 어렵지 않게 접하는 기회를 통해 과학 주제 논술의 기초를 탄탄히 쌓을 수 있습니다.

한글 읽기와 쓰기를 이제 막 시작한 아이들도 이 책을 통해 자연스럽게 글을 해석하고 쓸 수 있으며, 과학 관련 배경지식을 넓히고, 그냥 지나칠 수 있는 주변 현상을 면밀히 살펴보는 관찰력을 기를 수 있습니다. 그렇게 아이는 자기만의 답을 찾으며 생각을 말이나 글로 표현하는 힘을 기르게 됩니다.

각 이야기 뒤에는 주제를 깊이 생각하게 하는 질문과 간단한 답을 직접 써 보는 글쓰기 활동을 담았습니다. 문제 속 질문에 답하며 가족이 함께 대화를 나누어도 좋고, 아이가 쓴 글을 함께 읽고 칭찬해 주는 것도 좋습니다. 아이들은 이런 시간 속에서 사고력과 표현력이 크게 자란답니다.

초등 입학 후 아이들은 교과서를 중심으로 한글 읽기와 글쓰기를 본격적으로 시작합니다. 이때 기초 독해력과 자기 생각을 글로 옮기는 힘이 이미 길러져 있다면, 처음 시작하는 학교 생활에서 더 큰 자신감을 가질 수 있습니다. 반대로 이 시기를 놓치면 글을 읽고 이해하는 데 어려움을 겪어 학습 전반이 힘들어질 수 있습니다.

《처음 독해·논술 2》는 하루 두 쪽씩, 한 달에 한 권을 완성하는 구성으로 아이의 첫 공부 습관을 잡아 주기 위한 맞춤형 교재입니다. 짧은 시간이지만 매일 꾸준히 읽고 쓰다 보면, 어느새 아이의 말이 달라지고 글이 달라지며, 생각이 깊어짐을 느낄 수 있습니다.

이 책의 구성과 특징

소리 내어 읽을 때마다 하나씩 체크해요!

어린이가 꼭 읽어야 할 자연과 과학, 환경 이야기를 소개했어요.

문장을 모두 '이다'체로 구성해 조금 더 수준 있는 글 읽기 연습이 가능해요.

글을 읽은 후 한 번 더 생각할 문제를 질문해요.

단어 뜻을 자세히 알아 보고 어휘력을 키워요.

본문에 등장하는 동식물이나 사물 등을 자세히 알아 보고 배경지식을 키워요.

1주차 1일 _ 과학·환경 신문   소리 내어 읽기 ○○○

자연 속 호기심 놀이터   **구름의 진실**

하늘에 **구름**이 둥둥!

하늘을 올려다보면 구름이 둥실 떠 있다. 구름은 항상 하늘을 예쁘게 **수놓는다**. 구름은 사실 아주 작은 물방울들이 모인 것이다.

물방울이 모이면 구름이 되고, 그 구름이 무거워지면 빗방울이 되어 땅으로 **뚝뚝** 떨어진다. 그게 바로 비다. 그래서 비가 오기 전에 구름은 더 크고 진해진다.

구름에는 여러 종류가 있다. 솜처럼 뭉실뭉실한 뭉게구름, 얇고 길게 퍼진 새털구름, 작은 구름들이 둥글둥글 모인 양떼구름, 비를 몰고 오는 검은 비구름 등이 있다.

구름이 무거워지면 어떻게 될까?

구름은 사실 작은 물방울이 모인 거래.

수놓다 : 천에 바늘과 실로 예쁜 그림을 그리듯 바느질하는 거예요.
뚝뚝 : 물방울이 차례차례 아래로 떨어지는 소리예요.

1 구름의 특징을 다음 〈보기〉에서 찾아 써 보세요.

❶ 구름은 ____ 을 떠다녀요.

❷ 구름은 ____ 이 다양해요.

❸ 구름은 ____ 나 눈이 될 수 있어요.

〈보기〉   비   하늘   모양

2 왼쪽 글을 소리 내어 읽은 후 빈칸을 채워 보세요.

① 구름은 사실 아주 작은 ☐☐ 들이 모인 것이다.

② 물방울이 모이면 ☐☐ 이 되고, 그 구름이 무거워지면 ☐☐☐ 이 되어 땅으로 뚝뚝 떨어진다.

③ 그래서 비가 오기 전의 구름은 더 ☐☐ 진해진다.

④ 비를 몰고 오는 검은 ☐☐☐ 등이 있다.

본문의 내용을 따라쓰며 정확히 읽고 쓰는 연습을 해요.

3 구름이 무거워지면 어떤 일이 생기나요?

구름이 바람을 타고 멀리 날아가요.

구름이 몹시 반짝여요.

구름에서 빗방울이 뚝뚝 떨어져요.

본문을 정확하게 이해했는지 확인해요. 알맞은 정답에 동그라미하세요.

4 여러분이 본 구름 중 가장 기억에 남는 모양을 글로 표현해 보세요.

주제와 관련된 내 생각을 짧은 글로 표현해요.

머리말 2   **이 책의 구성과 특징** 4

1주차 ▶ 자연 속 호기심 놀이터   자연과 과학의 만남

1. **구름의 진실** 하늘에 구름이 둥둥! 10
2. **그림자의 비밀** 그림자는 왜 모양이 바뀌지? 12
3. **무지개의 마법** 알록달록 무지개는 신기해! 14
4. **낮과 밤의 숨바꼭질** 낮과 밤의 숨겨진 비밀은? 16
5. **얼음의 변신** 얼음이 녹아 물이 되었네? 18
6. **바람의 움직임** 솔솔 바람은 어디서 불어 올까? 20
7. **싱그러운 이슬** 풀잎에 물방울이 똑똑! 22

2주차 ▶ 동식물이 아름다운 우리별   환경 보호와 다양한 생명체

8. **쓰레기 줄이기** 쓰레기가 쌓이면 지구가 아파요 26
9. **플라스틱 바다** 바다동물을 살려주세요 28
10. **사라진 나무** 나무가 점점 사라져요 30
11. **북극곰의 고민** 북극곰을 도와주세요 32
12. **벌은 최고의 춤꾼** 벌은 왜 빙글빙글 춤을 출까? 34
13. **나이테의 비밀** 이 나무는 몇 살일까? 36
14. **거미의 정체** 거미가 곤충이 아니라고? 38

3주차 신비로운 우리 몸 — 신체와 감각, 건강한 생활 습관

15. 쉬지 않는 심장 심장이 콩닥콩닥! 42
16. 소화가 되는 과정 밥을 먹으면 우리 몸에 생기는 일 44
17. 뽀득뽀득 손 씻기 손은 왜 씻어야 하지? 46
18. 콜록콜록 기침 기침이 병균을 내보낸다고? 48
19. 눈·코·입의 할 일 눈·코·입의 역할이 뭐지? 50
20. 피곤이 풀리는 잠 잘 자야 쑥쑥 키가 큰다고? 52
21. 몸의 신호 우리 몸이 신호를 보낸다고? 54

4주차 상상 속 과학 — 호기심 가득한 미래의 과학

22. 투명 망토의 비밀 투명 망토가 진짜 있을까? 58
23. 특별한 로봇 친구 나만의 로봇 친구가 생긴다면? 60
24. 하늘을 나는 신발 하늘을 나는 신발이 있다면? 62
25. 식물이 좋아하는 것 식물이 말을 한다면? 64
26. 우주에서 온 외계인 외계인과 지구 생물은 뭐가 다를까? 66
27. 놀라운 과학 발명품 어떤 물건이 있으면 더 편리할까? 68
28. 미래의 지구 미래의 지구는 어떤 모습일까? 70

정답 73

1주차

★ 자연과 과학의 만남 ★

자연 속 호기심 놀이터

1주차 1일 _ 과학·환경 신문

소리 내어 읽기

자연 속 호기심 놀이터 **구름의 진실**

하늘에 구름이 둥둥!

하늘을 올려다보면 구름이 둥실 떠 있다. 구름은 항상 하늘을 예쁘게 **수놓는다.** 구름은 사실 아주 작은 물방울들이 모인 것이다.

물방울이 모이면 구름이 되고, 그 구름이 무거워지면 빗방울이 되어 땅으로 **뚝뚝** 떨어진다. 그게 바로 비다. 그래서 비가 오기 전에 구름은 더 크고 진해진다.

구름에는 여러 종류가 있다. 솜처럼 뭉실뭉실한 뭉게구름, 얇고 길게 퍼진 새털구름, 작은 구름들이 둥글둥글 모인 양떼구름, 비를 몰고 오는 검은 비구름 등이 있다.

구름이 무거워지면 어떻게 될까?

구름은 사실 작은 물방울이 모인 거래.

수놓다 : 천에 바늘과 실로 예쁜 그림을 그리듯 바느질하는 거예요.
뚝뚝 : 물방울이 차례차례 아래로 떨어지는 소리예요.

---

1 구름의 특징을 다음 보기 에서 찾아 써 보세요.

① 구름은 ☐☐ 을 떠다녀요.

② 구름은 ☐☐ 이 다양해요.

③ 구름은 ☐ 나 눈이 될 수 있어요.

보기 비   하늘   모양

2 왼쪽 글을 소리 내어 읽은 후 빈칸을 채워 보세요.

① 구름은 사실 아주 작은 ☐☐☐ 들이 모인 것이다.

② 물방울이 모이면 ☐☐ 이 되고, 그 구름이 무거워지면 ☐☐☐ 이 되어 땅으로 뚝뚝 떨어진다.

③ 그래서 비가 오기 전의 구름은 더 ☐☐ 진해진다.

④ 비를 몰고 오는 검은 ☐☐☐ 등이 있다.

3 구름이 무거워지면 어떤 일이 생기나요?

- 구름이 바람을 타고 멀리 날아가요.
- 구름이 몹시 반짝여요.
- 구름에서 빗방울이 뚝뚝 떨어져요.

4 여러분이 본 구름 중 가장 기억에 남는 모양을 글로 표현해 보세요.

1주차 2일 _ 과학·환경 신문

자연 속 호기심 놀이터 | **그림자의 비밀**

소리 내어 읽기

그림자는 왜 모양이 바뀌지?

햇빛이 비치는 날, 밖에 나가면 몸 옆에 검은 그림자가 따라다닌다.

그림자는 빛을 가렸을 때 생긴다. 빛의 방향에 따라 그림자의 길이와 모양도 달라진다.

해가 높이 떠 있는 **정오**쯤에는 햇빛이 위에서 똑바로 내려와 그림자가 짧아진다. 해가 낮게 뜬 아침이나 해 질 **무렵**에는 햇빛이 옆에서 비쳐 그림자가 길게 늘어난다.

밤에도 전등이나 손전등 같은 빛이 있으면 그림자가 생긴다. 빛이 가까이 있으면 그림자는 크고 진하게, 멀리 있으면 작고 흐리게 보인다.

내 그림자가 가장 짧은 시간은 하루 중 언제일까?

지금은 낮 12시!

정오 : 낮 12시를 말해요.
무렵 : 어느 때쯤이란 뜻이에요.

1 그림자의 특징을 다음 보기 에서 찾아 써 보세요.

❶ 그림자는 ☐ 이 있을 때만 생겨요.

❷ 그림자는 가리는 ☐ 뒤에 생겨요.

❸ 해의 위치에 따라 ☐ 가 달라져요.

보기   길이   물체   빛

2 왼쪽 글을 소리 내어 읽은 후 빈칸을 채워 보세요.

① 그림자는 빛을 ☐☐☐ 때 생긴다.

② 해가 높이 떠 있는 ☐☐ 쯤에는 햇빛이 위에서 똑바로 내려와 그림자가 짧아진다.

③ ☐ 에도 전등이나 손전등 같은 빛이 있으면 그림자가 생긴다.

④ 빛이 가까이 있으면 그림자는 크고 ☐☐ , 멀리 있으면 작고 흐리게 보인다.

3 밤에 그림자가 생길 수 있는 상황은 언제인가요?

- 아무런 불빛이 없을 때
- 손전등을 켜서 손을 비췄을 때
- 이불 속에서 눈을 감고 있을 때

4 내 그림자가 친구가 되어 말을 걸어온다면, 어떤 이야기를 나눌까요?

1주차 3일 – 과학·환경 신문

자연 속 호기심 놀이터 | **무지개의 마법**

소리 내어 읽기

알록달록 무지개는 신기해!

비가 온 뒤 하늘을 보면, 때때로 **알록달록**한 무지개가 뜬다. 하늘을 화려하게 장식한 무지개를 보면 무척 환상적이다. 무지개는 사실 햇빛이 빗방울에 부딪히면서 생기는 빛의 마법이다. 햇빛은 그냥 하얗게 보이지만, 그 속에는 빨강·주황·노랑·초록·파랑·남색·보라 등 여러 색이 숨어 있다.

비가 온 뒤에는 공기 중에 작은 물방울이 남아 있다. 그 물방울이 햇빛을 만나면, 빛이 **꺾이고** 나뉘면서 무지개색이 하늘에 펼쳐진다. 그래서 무지개는 항상 해를 등지고 비가 온 쪽 하늘에 뜬다.

무지개는 언제, 어떤 날에 가장 잘 보일까?

무지개는 빛의 마법이야!

알록달록 : 여러 가지 색이 예쁘게 섞여 있는 모양이에요.
꺾이다 : 무언가가 구부러지거나 부러져서 다시 펴지지 않게 되는 거예요.

---

1 빛의 특징을 다음 보기 에서 찾아 써 보세요.

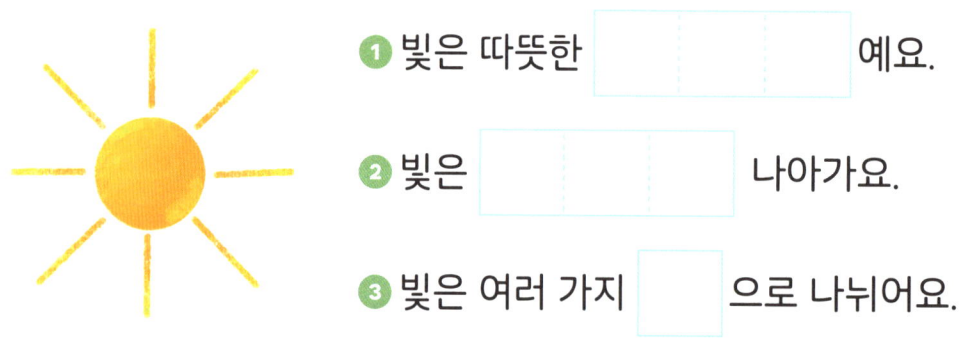

① 빛은 따뜻한 ☐☐☐ 예요.

② 빛은 ☐☐☐ 나아가요.

③ 빛은 여러 가지 ☐ 으로 나뉘어요.

보기 에너지   색   똑바로

2 왼쪽 글을 소리 내어 읽은 후 빈칸을 채워 보세요.

① ☐☐☐는 사실 햇빛이 빗방울에 부딪히면서 생기는 빛의 마법이다.

② 비가 온 뒤에는 ☐☐ 중에 작은 물방울이 남아 있다.

③ 그 물방울이 ☐☐☐ 만나면, 빛이 꺾이고 나뉘면서 무지개색이 하늘에 펼쳐진다.

④ 그래서 무지개는 항상 해를 ☐☐☐ 비가 온 쪽 하늘에 뜬다.

3 무지개가 생기는 순간은 언제인가요?

- 해가 질 때
- 비가 온 뒤 햇빛이 비칠 때
- 밤하늘에 별이 많을 때

4 무지개의 색깔 중 나와 닮은 색은 무엇인가요? 그 이유도 함께 써 보세요.

1주차 4일 _ 과학·환경 신문

소리 내어 읽기

| 자연 속 호기심 놀이터 | 낮과 밤의 숨바꼭질 |

낮과 밤의 숨겨진 비밀은?

아침이 되면 해가 뜨고, 밤이 되면 달이 뜬다. 우리가 보기에는 마치 해와 달이 **숨바꼭질**하듯이 움직이는 것만 같다. 하지만 사실 우리가 살고 있는 지구가 빙글빙글 돌기 때문이다.

지구는 하루에 한 바퀴씩 스스로 돈다. 그래서 해를 바라보는 쪽은 낮이 되고, 해를 **등지고** 있는 쪽은 밤이 된다. 또 해가 움직이는 것처럼 보이지만, 사실 해는 늘 그 자리에 있다.

지구가 스스로 한 바퀴 도는 데 걸리는 시간은 24시간으로, 하루이다. 그래서 우리는 매일 아침이면 낮을 만나고, 저녁이면 다시 밤을 만난다.

지구가 하루에 두 바퀴씩 돌면 어떤 일이 일어날까?

지구는 하루에 한 바퀴씩 돌아!

숨바꼭질 : 여럿 가운데서 한 아이가 술래가 되어 숨은 사람을 찾아내는 놀이예요.
등지다 : 등 뒤에 두는 것을 말해요.

---

1 지구의 특징을 다음 보기 에서 찾아 써 보세요.

① 지구는 우리가 사는 ☐ 이에요.

② 지구는 스스로 빙글빙글 ☐ .

③ 지구는 둥글고 ☐ 별이에요.

보기 파란   별   돌아요

2 왼쪽 글을 소리 내어 읽은 후 빈칸을 채워 보세요.

① 하지만 사실 우리가 살고 있는 지구가 ☐☐ 돌기 때문이다.

② 그래서 해를 바라보는 쪽은 ☐ 이 되고, 해를 등지고 있는 쪽은 밤이 된다.

③ 지구가 스스로 한 바퀴 도는 데 걸리는 시간은 24시간으로, ☐☐ 이다.

④ 그래서 우리는 매일 ☐☐ 이면 낮을 만나고, ☐☐ 이면 다시 밤을 만난다.

3 낮과 밤이 생기는 이유는 무엇인가요?

- 해와 달이 서로 바쁘게 움직여서
- 구름이 햇빛을 가렸다가 다시 비켜서
- 지구가 스스로 빙글빙글 돌기 때문에

4 만약 지구가 스스로 돌지 않으면 어떤 일이 일어날까요?

얼음이 녹아 물이 되었네?

여름에 가장 많이 찾는 음식 중 하나가 얼음이다. 냉동실에 물을 넣어두면 차갑고 딱딱한 얼음이 된다. 얼음을 식탁 위에 올려두면 천천히 녹아서 다시 물이 된다. 마치 얼음이 물로 **변신**하는 것 같다.

사실 얼음은 차가워진 작은 물방울들이 단단히 붙어 있는 상태이다. 그런데 따뜻한 곳에 두면 얼음 속에 있는 작은 물방울들이 다시 **활발히** 움직이기 시작한다. 그렇게 물방울들이 서로 떨어지며 다시 물이 된다.

또 날씨가 더우면 얼음은 더 빨리 녹는다.

얼음이 절대 녹지 않는다면, 어떤 일이 일어날까?

얼음이 다시 물이 되고 있잖아!

변신 : 원래의 모습이 다른 모습으로 바뀌어요.
활발히 : 씩씩하고 힘차게 움직이거나 행동하는 거예요.

1 얼음의 특징을 다음 보기 에서 찾아 써 보세요.

① 얼음은 ▢▢▢ 딱딱해요.

② 얼음은 가벼워서 물 위에 ▢▢ .

③ 얼음은 ▢ 이 얼어서 만들어져요.

보기   떠요   물   차갑고

2 왼쪽 글을 소리 내어 읽은 후 빈칸을 채워 보세요.

① 냉동실에 물을 넣어 두면 [　　　] 딱딱한 얼음이 된다.

② [　　] 을 식탁 위에 올려두면 천천히 녹아서 다시 물이 된다.

③ 사실 얼음은 차가워진 작은 [　　　] 들이 단단히 붙어 있는 상태이다.

④ 또 날씨가 더우면 얼음은 더 [　　] 녹는다.

3 얼음을 따뜻한 곳에 두면 어떤 일이 생기나요?

- 더 단단해져요.
- 물로 변해요.
- 더 차가워져요.

4 세상의 얼음이 모두 녹아 버린다면 우리 생활은 어떻게 달라질까요?

1주차 6일 – 과학·환경 신문

자연 속 호기심 놀이터 | **바람의 움직임**

소리 내어 읽기

솔솔 바람은 어디서 불어 올까?

솔솔 불어오는 바람은 나뭇가지도 흔들고, **바람개비**도 멋지게 돌려 준다. 그런데 바람은 어디에서 오는 걸까?

바람은 공기의 움직임이다. 햇볕이 땅을 데우면, 공기가 따뜻해진다. 따뜻해진 공기는 위로 올라가고, 그 자리에 다른 차가운 공기가 들어오면서 바람이 생긴다.

이렇게 따뜻한 공기와 차가운 공기가 자리를 바꾸며, 공기가 움직이기 때문에 우리는 바람을 느끼게 된다. 그래서 햇볕이 강한 낮에는 공기의 온도 차가 커져서 바람이 더 잘 생긴다.

바람이 부니 정말 시원해!

우리 생활에 바람은 어떤 도움을 줄까?

바람개비 : 가늘고 긴 막대에 종이를 붙여서, 바람이 불면 빙글빙글 도는 재미있는 장난감이에요.

1 바람의 특징을 다음 보기 에서 찾아 써 보세요.

① 바람은 움직이는 ☐☐ 예요.

② 바람은 ☐ 에 보이지 않아요.

③ 바람은 ☐☐ 이 되기도 해요.

보기   눈   태풍   공기

2 왼쪽 글을 소리 내어 읽은 후 빈칸을 채워 보세요.

① 바람은 ☐☐ 의 움직임이다.

② 따뜻해진 공기는 위로 올라가고,

그 자리에 다른 ☐☐☐ 공기가 들어오면서 바람이 생긴다.

③ 이렇게 따뜻한 공기와 차가운 공기가 자리를 바꾸며,

공기가 ☐☐☐ 때문에 우리는 바람을 느끼게 된다.

④ 그래서 햇볕이 강한 낮에는 공기의 온도 차가 커져

☐☐ 이 더 잘 생긴다.

3 공기가 따뜻해지면 어떻게 움직일까요?

- 아래로 내려간다.
- 가만히 멈춰 있는다.
- 위로 올라간다.

4 만약 여러분이 바람이라면 어디로 가고 싶은가요?

1주차 7일 _ 과학·환경 신문

자연 속 호기심 놀이터 　 싱그러운 이슬

소리 내어 읽기 ○ ○ ○

풀잎에 물방울이 똑똑!

　이른 아침, 꽃잎이나 풀잎 위에 물방울이 똑똑 **맺혀** 있는 모습을 볼 수 있다. 비가 온 것도 아닌데, 이 물방울들은 어디서 온 것일까?

　공기 속에는 눈에 보이지 않는 아주 작은 물들이 떠다닌다. 이 물방울을 '수증기'라고 한다.

　밤이 되면 날씨가 서늘해지고, 풀잎도 차가워진다. 그러면 공기 속 수증기가 차가운 풀잎에 닿으면서 작은 물방울로 변한다. 이것이 바로 '이슬'이다.

　그래서 아침마다 풀잎 위에는 반짝반짝 **맑은** 물방울들이 맺힌다.

아침 이슬은 작은 곤충들에게 어떤 역할을 할까?

이슬 한 모금 마실까?

맺히다 : 물방울이나 땀방울 따위가 생겨 매달리게 되는 거예요.
맑다 : 잡스럽고 탁한 것이 섞이지 않은 상태예요.

1 이슬의 특징을 다음 보기 에서 찾아 써 보세요.

❶ 이슬은 ☐☐ 에 생겨요.

❷ 이슬은 ☐ 공기가 차가워지면 생겨요.

❸ 이슬은 작고 투명한 ☐☐☐ 이에요.

보기　물방울　아침　밤

2 왼쪽 글을 소리 내어 읽은 후 빈칸을 채워 보세요.

① ☐ 속에는 눈에 보이지 않는 아주 작은 물들이 떠다닌다.

② 이 물방울을 '☐'라고 한다.

③ 그러면 공기 속 수증기가 차가운 ☐ 에 닿으면서 작은 물방울로 변한다.

④ 그래서 아침마다 풀잎 위에는 ☐ 맑은 물방울들이 맺힌다.

3 공기 속 수증기가 차가운 풀잎에 닿으면 어떤 일이 일어날까요?

- 구름이 생겨요.
- 물방울이 생겨요.
- 눈이 내려요.

4 아침 이슬처럼 조용히 왔다가 반짝 사라지는 것들에는 무엇이 있을까요?

2주차

★ 환경 보호와 다양한 생명체 ★

동식물이 아름다운 우리별

2주차 8일 _ 과학·환경 신문

동식물이 아름다운 우리별 | 쓰레기 줄이기

소리 내어 읽기 ○ ○ ○

쓰레기가 쌓이면 지구가 아파요

우리가 하루에 버리는 쓰레기를 잘 보면 그 양이 정말 많다. 과자 하나를 먹어도, 아이스크림 하나를 먹어도 쓰레기가 생긴다. 그런데 쓰레기가 너무 많아지면 땅과 바다에 사는 동물들이 살아가기 힘들어진다.

쓰레기를 줄이는 것도 환경을 지키는 일이다. 아직 쓸 수 있는 물건은 다시 쓰고, **재활용**할 수 있는 물건은 **분리수거**해야 한다.

예를 들어, 장난감은 고장 나도 고쳐 쓰고, 음료는 텀블러에 담아 마시면 쓰레기를 줄일 수 있다. 조금만 신경 쓰면 생활 속에서 쓰레기를 줄일 수 있는 똑똑한 방법이 아주 많다.

쓰레기를 줄이지 않으면 지구는 어떻게 될까?

망가진 장난감도 고쳐서 써야지!

재활용 : 다 쓴 물건을 버리지 않고, 다시 쓰거나 새롭게 바꾸어 쓰는 거예요.
분리수거 : 쓰레기를 종류에 따라 나누어 버리는 거예요.

1 텀블러의 특징을 다음 보기 에서 찾아 써 보세요.

❶ 텀블러는 음료를 담는 ☐ 이에요.

❷ 텀블러는 음료가 ☐☐ 이 돼요.

❸ 텀블러는 ☐☐☐ 다시 써요.

보기   보온   컵   씻어서

2 왼쪽 글을 소리 내어 읽은 후 빈칸을 채워 보세요.

❶ 그런데 [　　　]가 너무 많아지면 땅과 바다에 사는 동물들이 살아가기 힘들어진다.

❷ 쓰레기를 줄이는 것도 [　　　]을 지키는 일이다.

❸ 아직 쓸 수 있는 물건은 다시 쓰고, 재활용할 수 있는 물건은 [　　　　　] 해야 한다.

❹ 예를 들어, 장난감은 고장 나도 고쳐 쓰고, 음료는 [　　　]에 담아 마시면 쓰레기를 줄일 수 있다.

3 쓰레기를 많이 버리면 지구에 어떤 일이 생길까요?

- 동물들이 다치거나 살기 어려워져요.
- 지구가 더 건강해져요.
- 바닷물이 깨끗하고 맑아져요.

4 쓰레기를 줄이기 위해 내가 당장 할 수 있는 일은 무엇인가요?

2주차 9일 _ 과학·환경 신문

동식물이 아름다운 우리별 | 플라스틱 바다

바다동물을 살려주세요

플라스틱 쓰레기가 바다로 흘러가면 어떤 일이 생길까?

바다에 사는 거북, 물고기, 고래 같은 동물들은 작은 플라스틱이 먹이인 줄 알고 삼키기도 한다. 그러면 배가 아프고, 숨쉬기도 어려워진다. 플라스틱에 몸이 걸려서 움직이지 못하는 동물도 있다.

이처럼 플라스틱을 함부로 버리면 바다동물들이 아프게 된다. 그러니 일회용 빨대와 비닐 등을 되도록 사용하지 않는 것이 바다를 위하는 일이다. 꼭 필요한 플라스틱 용기 등은 재활용하는 습관을 생활화하자.

쓰레기가 계속 쌓이면 바다는 어떻게 변할까?

바다동물들을 지켜야 해!

플라스틱 : 가볍고 단단해서 여러 가지 물건을 만드는 데 쓰이는 재료예요.
먹이 : 동물이 배고플 때 먹는 음식이에요.

1 바다의 특징을 다음 보기 에서 찾아 써 보세요.

① 바다에는 ☐☐ 가 있어요.

② 바닷물은 소금기가 있어서 ☐☐ .

③ 바다는 아주 넓고 ☐☐☐ .

보기   짜요   깊어요   파도

2 왼쪽 글을 소리 내어 읽은 후 빈칸을 채워 보세요.

① ☐☐☐☐ 쓰레기가 바다로 흘러가면 어떤 일이 생길까?

② 바다에 사는 거북, 물고기, 고래 같은 동물들은 작은 플라스틱이 먹이인 줄 알고 ☐☐☐☐☐ 한다.

③ 그러니 일회용 빨대와 ☐☐ 등을 되도록 사용하지 않는 것이 바다를 위하는 일이다.

④ 꼭 필요한 플라스틱 용기 등은 ☐☐☐☐☐ 하는 습관을 생활화하자.

3 바다동물들이 플라스틱을 먹으면 왜 안 될까요?

- 배가 너무 불러서
- 숨을 잘 못 쉬고 몸이 아파서
- 장난감처럼 가지고 놀 수 있어서

4 주위에 플라스틱으로 된 물건을 모두 찾아 보고 사용을 줄일 방법을 써 보세요.

나무가 점점 사라져요

숲에는 나무가 가득하고, 그늘이 많아 시원하다. 숲은 동물들의 집이고, 사람들에게는 맑은 공기를 주는 소중한 공간이다.

그런데 사람들이 도로를 만들거나 건물을 짓기 위해 나무를 너무 많이 베면 숲이 점점 사라지게 된다. 숲이 없어지면 공기가 나빠지고, 비가 올 때 흙이 쓸려 **산사태**가 날 수도 있다. 또 동물들은 집을 잃고 갈 곳이 없어져 살아가기가 힘들다.

숲은 살아 있는 모든 것을 건강하게 지켜 주는 소중한 **존재**이다. 그러니 나무를 아끼고 많이 심도록 노력해야 한다.

동물들에게 숲은 왜 필요할까요?

산사태 : 비가 많이 오거나 땅이 흔들릴 때, 산의 흙이나 돌이 한꺼번에 무너져 내리는 거예요.
존재 : 눈에 보이거나 보이지 않아도, 정말 있는 거예요.

1 숲의 특징을 다음 보기 에서 찾아 써 보세요.

① 숲에는 [　　] 가 많아요.

② 숲은 맑은 [　　] 를 만들어요.

③ 숲에는 [　　] 이 어울려 살아요.

보기　　공기　　나무　　동식물

2 왼쪽 글을 소리 내어 읽은 후 빈칸을 채워 보세요.

① 숲에는 나무가 가득하고, ☐☐ 이 많아 시원하다.

② 숲은 동물들의 집이고, 사람들에게는 맑은 ☐☐ 를 주는 소중한 공간이다.

③ 숲이 없어지면 공기가 나빠지고, 비가 올 때 흙이 쓸려 ☐☐☐ 가 날 수도 있다.

④ 또 동물들은 집을 ☐☐ 갈 곳이 없어져 살아가기가 힘들다.

3 숲의 나무를 너무 많이 베면 어떤 일이 생길까요?

- 공기가 더 좋아져요.
- 산사태가 날 수 있어요.
- 나무가 더 빨리 자라요.

4 숲에서 즐거운 시간을 보냈던 경험이 있다면 써 보세요.

2주차 11일 - 과학·환경 신문

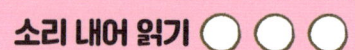

| 동식물이 아름다운 우리별 | 북극곰의 고민 |

북극곰을 도와주세요

하얀 털을 가진 북극곰은 얼음 위에서 물고기를 잡아먹으며 살아간다. 그런데 요즘 북극곰에게 **고민**이 생겼다. 지구가 점점 더워지면서 북극의 얼음이 녹고 있기 때문이다. 얼음이 줄어들면 북극곰은 쉴 곳도 없고, 먹이를 찾기도 어려워진다. 그래서 북극곰은 점점 더 멀리 헤엄쳐야 하고, 지쳐서 쓰러지기도 한다.

지구가 점점 따뜻해지는 현상을 '**지구 온난화**'라고 한다. 자동차, 공장, 쓰레기에서 나오는 나쁜 연기와 가스들이 지구를 점점 더 뜨겁게 만들고 있다. 우리가 전기를 아껴 쓰고 쓰레기를 줄이면, 지구와 북극곰을 함께 돕는 일이다.

점점 북극에서 살기가 힘들어져.

북극곰을 지키기 위해 우리가 할 일은 무엇일까?

고민 : 마음이 답답하고 걱정이 되어 계속 생각하는 거예요.
지구 온난화 : 지구의 기온이 점점 높아지는 현상이에요.

1 북극곰의 특징을 다음 보기에서 찾아 써 보세요.

① 북극곰은 ☐☐ 털을 가지고 있어요.

② 북극곰은 ☐☐ 북극에 살아요.

③ 북극곰은 ☐☐을 아주 잘 쳐요.

보기   헤엄   추운   하얀

2 왼쪽 글을 소리 내어 읽은 후 빈칸을 채워 보세요.

① 하얀 털을 가진 북극곰은 얼음 위에서 ☐☐ 를 잡아먹으며 살아간다.

② ☐☐ 이 줄어들면 북극곰은 쉴 곳도 없고, 먹이를 찾기도 어려워진다.

③ 지구가 점점 따뜻해지는 현상을 '지구 ☐☐ '라고 한다.

④ 우리가 전기를 아껴 쓰고 쓰레기를 줄이면, 지구와 ☐☐ 을 함께 돕는 일이다.

3 최근 북극곰이 힘들어하는 이유는 무엇인가요?

얼음이 녹아서 쉴 곳이 없기 때문에

친구가 없어져서

물고기를 너무 많이 먹어서

4 북극곰이 사람들에게 말을 걸 수 있다면, 뭐라고 말할까요?
북극곰의 입장이 되어 써 보세요.

벌은 왜 빙글빙글 춤을 출까?

　벌은 꿀을 먹는다. 꽃에서 꿀을 따기 위해 작은 날개를 빠르게 움직이며 꽃밭 사이를 바쁘게 날아다닌다.

　벌은 꿀이 있는 꽃의 위치를 특별한 방법으로 친구들에게 알려 준다. 바로 몸으로 춤을 추며 신호를 보내는 것이다. 꿀을 찾은 벌은 벌집으로 돌아와 몸을 빙글빙글 돌리거나 흔들면서 춤을 춘다. 이 춤은 꽃이 있는 **방향**과 거리까지 알려 준다.

　벌은 냄새와 춤으로 친구들과 **의사소통**하는 지혜로운 곤충이다. 벌들은 함께 꿀을 모으고, 꿀을 저장하며, 벌집을 지키는 협동의 달인이다.

벌은 벌집 앞에서 왜 춤을 추는 걸까?

저쪽에 맛있는 꿀이 있어!

방향 : 어떠한 쪽의 위치를 말해요.
의사소통 : 서로 하고 싶은 말이나 생각을 주고받는 거예요.

1 벌의 특징을 다음 보기 에서 찾아 써 보세요.

① 벌은 ☐ 이 있어요.

② 벌은 ☐ 을 먹어요.

③ 벌은 ☐ 을 만들어 모여 살아요.

보기　침　꿀　벌집

2 왼쪽 글을 소리 내어 읽은 후 빈칸을 채워 보세요.

❶ 벌은 꿀이 있는 꽃의 위치를 ☐☐☐ 방법으로 친구들에게 알려 준다.

❷ 바로 몸으로 춤을 추며 ☐☐ 를 보내는 것이다.

❸ 이 춤은 꽃이 있는 방향과 ☐☐ 까지 알려 준다.

❹ 벌은 냄새와 춤으로 친구들과 ☐☐☐ 하는 지혜로운 곤충이다.

3 벌이 춤을 추는 이유는 무엇일까요?

- 재미있게 놀려고
- 노래를 부르기 위해서
- 친구에게 꽃의 위치를 알려 주려고

4 말을 하지 못하는 상황이라면, 친구에게 내 생각을 어떻게 전할까요?

2주차 13일 _ 과학·환경 신문

소리 내어 읽기

동식물이 아름다운 우리별 | 나이테의 비밀

이 나무는 몇 살일까?

나무를 베면 여러 줄의 동그란 모양의 무늬가 보인다. 이것을 '나이테'라고 한다. 나이테는 나무가 해마다 자라면서 생기는 줄무늬이다.

봄과 여름에는 나무가 무럭무럭 자라서 밝은색 나이테가 생기고, 가을과 겨울에는 자라는 **속도**가 느려져서 진한 색 나이테가 생긴다. 이렇게 한 해에 생기는 밝은 줄과 진한 줄을 한 쌍으로 세면, 나무의 나이를 알 수 있다. 그뿐만 아니라 그해에 비가 많이 왔는지, **유난히** 추운 해였는지도 알 수 있다.

그래서 과학자들은 나이테를 보고 아주 오래전의 날씨도 알아낼 수 있다.

음, 10년 전에 비가 많이 왔구나!

나이가 아주 많은 나무의 나이테는 어떻게 생겼을까?

속도 : 얼마나 빠르게 움직이거나 일이 진행되는지를 말해요.
유난히 : 다른 때보다 특별히 더 그렇다는 뜻이에요.

---

1 나이테의 특징을 다음 보기 에서 찾아 써 보세요.

① 나이테는 동그란 ☐☐☐ 예요.

② 나이테로 나무의 ☐☐ 를 알아요.

③ 나이테는 1년에 ☐ 줄씩 생겨요.

보기 나이   한   줄무늬

2 왼쪽 글을 소리 내어 읽은 후 빈칸을 채워 보세요.

① 나무를 베면 여러 줄의 ☐☐ 모양의 무늬가 보인다.

② 나이테는 ☐☐ 가 해마다 자라면서 생기는 줄무늬이다.

③ 이렇게 한 해에 생기는 ☐☐ 줄과 진한 줄을 한 쌍으로 세면, 나무의 나이를 알 수 있다.

④ 그래서 과학자들은 이 ☐☐☐ 를 보고 아주 오래전의 날씨도 알아낼 수 있다.

3 나이테는 언제 생길까요?

- 하루에 한 줄씩
- 계절마다 다르게
- 1년에 한 줄씩

4 사람에게도 나이테처럼 나이를 알 수 있는 표시가 있다면, 어떤 점이 좋고, 어떤 점이 불편할까요?

2주차 14일 _ 과학·환경 신문

소리 내어 읽기

동식물이 아름다운 우리별 | 거미의 정체

거미가 곤충이 아니라고?

거미는 몸이 작고 다리가 여럿 있어서 곤충처럼 보인다. 그래서 많은 사람이 거미를 곤충이라고 생각한다. 그런데 거미는 곤충이 아니다.

곤충은 '머리, 가슴, 배'로 몸이 세 부분으로 나뉜다. 그리고 다리가 여섯 개 있는 것이 특징이다. 하지만 거미는 몸이 머리와 배로 두 부분으로 나뉘고, 다리가 여덟 개이다.

또 곤충은 대부분 날개가 있지만, 거미는 날개가 없고 **거미줄**을 뽑아 **그물**이나 집을 만든다. 그래서 거미는 곤충이 아니라 '거미류'라는 또 다른 종류의 동물이다.

거미가 거미줄을 치는 이유는 무엇일까?

난 곤충이 아니야!

거미줄 : 거미가 뽑아내는 가늘고 끈적한 실이에요.
그물 : 줄이나 실로 엮어서 구멍이 촘촘히 나 있는 물건으로, 무언가를 잡을 때 써요.

1 거미의 특징을 다음 보기 에서 찾아 써 보세요.

① 거미는 ☐☐ 가 여덟 개예요.

② 거미는 ☐☐☐ 을 쳐요.

③ 거미는 ☐☐ 가 없어요.

보기   날개   거미줄   다리

2 왼쪽 글을 소리 내어 읽은 후 빈칸을 채워 보세요.

① 거미는 몸이 작고 다리가 여럿 있어서 [　　　] 처럼 보인다.

② 하지만 거미는 몸이 머리와 배로 두 부분으로 나뉘고, 다리가 [　　　] 개이다.

③ 또 곤충은 대부분 날개가 있지만, 거미는 날개가 없고 거미줄을 뽑아 [　　　] 이나 집을 만든다.

④ 그래서 거미는 곤충이 아니라 '[　　　]'라는 또 다른 종류의 동물이다.

3 거미와 곤충이 다른 점은 무엇인가요?

- 다리가 여섯 개예요.
- 날개가 있어요.
- 몸이 머리와 배로 두 부분이에요.

vs

4 여러분이 거미줄을 만들 수 있다면, 무엇을 하고 싶나요?

3주차

★ 신체와 감각, 건강한 생활 습관 ★

신비로운 우리 몸

3주차 15일 _ 과학·환경 신문

신비로운 우리 몸 | 쉬지 않는 심장

심장이 콩닥콩닥!

우리 몸속에는 하루도 쉬지 않고 콩닥콩닥 뛰는 친구가 있다. 바로 심장이다. 심장은 우리 몸속에서 피를 온몸으로 보내는 역할을 한다.

핏속에는 우리가 숨 쉴 때 들이마신 산소와 **영양분**이 들어 있다. 그래서 심장이 열심히 뛰면, 우리 몸 구석구석에 힘이 생긴다.

뛰어놀거나 달릴 때 심장은 더 빠르게 뛴다. 우리 몸에 더 많은 힘과 **숨**이 필요하기 때문이다. 심장은 우리가 잠을 잘 때도, 쉴 때도 절대 멈추지 않는다.

심장은 우리 몸에서 '절대 쉬지 않는 친구'다.

심장이 멈추면 어떤 일이 벌어질까?

심장이 빨리 뛰고 있어!

영양분 : 우리 몸이 자라고 힘을 내는 데 꼭 필요한 음식 속 좋은 성분이에요.
숨 : 코나 입으로 들이마시고 내쉬는 공기예요.

1 심장의 특징을 다음 보기 에서 찾아 써 보세요.

① 심장은 우리 ☐☐ 에 있어요.

② 심장은 ☐ 를 온몸으로 보내요.

③ 심장은 우리가 잘 때도 ☐☐☐ 않아요.

| 보기 | 멈추지 | 몸속 | 피 |

2 왼쪽 글을 소리 내어 읽은 후 빈칸을 채워 보세요.

① 우리 몸속에는 하루도 쉬지 않고 [　　　]

　뛰는 친구가 있다.

② [　　] 은 우리 몸속에서 피를 온몸으로 보내는 역할을 한다.

③ 그래서 심장이 열심히 뛰면, 우리 몸 구석구석에 [　] 이 생긴다.

④ 심장은 우리가 잠을 잘 때도, 쉴 때도 절대 [　　　] 않는다.

3 심장이 가장 빠르게 뛰는 때는 언제일까요?

　책을 읽을 때

　등산을 할 때

　잠잘 때

4 우리 몸속에 심장이 두 개 있다면, 어떤 일이 생길까요?

3주차 16일 _ 과학·환경 신문

신비로운 우리 몸 | **소화가 되는 과정**

소리 내어 읽기 ○○○

밥을 먹으면 우리 몸에 생기는 일

우리는 매일 밥, 반찬, 과일 같은 음식을 먹는다. 그런데 입으로 들어간 음식은 그 후에 어디로 갈까? 이로 씹어서 잘게 부서진 음식은 목을 따라 '식도'로 내려간다. 그다음에는 배 속에 있는 '위장'에 도착한다.

위장에서는 음식을 더 잘게 부수고 섞는다. 그다음에는 긴 창자인 '소장'으로 보낸다. 소장을 지나가며 몸에 좋은 영양분이 우리 몸으로 **흡수**된다. 다 쓰고 남은 **찌꺼기**는 큰창자인 '대장'으로 보내져 똥이 되어 몸 밖으로 나간다.

우리가 밥을 먹을 때마다 몸속에서는 놀라운 일들이 일어난다!

우리 몸에 들어간 음식은 어느 기관을 거칠까?

음식을 먹으면 소화 과정이 시작돼!

흡수 : 몸에 좋은 것을 쏙쏙 받아들이는 거예요.
찌꺼기 : 물기가 다 빠진 뒤에 남은, 더 이상 쓰지 않는 것이에요.

1 위장의 특징을 다음 보기 에서 찾아 써 보세요.

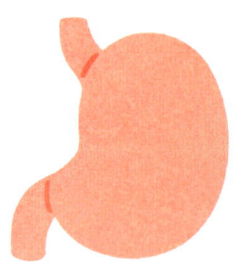

① 위장은 음식을 섞고 ☐☐ 부숴요.

② 위장은 먹은 음식이 ☐☐☐ 곳이에요.

③ 위장은 ☐☐ 다음에 있어요.

| 보기 | 모이는 | 식도 | 잘게 |

2 왼쪽 글을 소리 내어 읽은 후 빈칸을 채워 보세요.

① 이로 씹어서 잘게 부서진 음식은 목을 따라 '   '로 내려간다.

②   에서는 음식을 더 잘게 부수고 섞는다.

③   을 지나가며 몸에 좋은 영양분이 우리 몸으로 흡수된다.

④ 다 쓰고 남은 찌꺼기는 큰창자인 '   '으로 보내져 똥이 되어 몸 밖으로 나간다.

3 음식이 우리 몸속에서 처음으로 도착하는 곳은 어디인가요?

- 대장
- 위장
- 소장

4 내가 아침에 먹은 '사과'라면, 우리 몸속에서 어떤 모험을 하게 될까요?

3주차 17일 _ 과학·환경 신문

신비로운 우리 몸 | **뽀득뽀득 손 씻기**

손은 왜 씻어야 하지?

우리 몸에서 가장 많이 사용하는 것은 바로 손이다. 매일 손으로 방문 손잡이, 장난감, 책, 책상, 의자 등 많은 것을 만진다. 그래서 손에는 눈에 보이지 않는 작은 세균이 많이 붙어 있다.

세균은 너무 작아서 눈으로는 볼 수 없지만, 우리 몸에 들어오면 몸을 아프게 만들 수 있다. **무심코** 손으로 입이나 코를 만질 때, 세균이 우리 몸속으로 들어갈 수 있다.

그래서 밥을 먹기 전이나 화장실에 다녀온 뒤, 밖에서 놀고 난 후에는 꼭 손을 씻어야 한다.

손 씻기는 우리 몸을 지켜 주는 좋은 **습관**이다.

손을 잘 씻지 않으면 어떻게 될까?

손만 잘 씻어도 병을 예방할 수 있어.

무심코 : 아무런 뜻이나 생각이 없이 하는 행동을 말해요.
습관 : 자꾸자꾸 반복해서 자연스럽게 하게 되는 행동이에요.

1 세균의 특징을 다음 보기 에서 찾아 써 보세요.

① 세균은 아주 작아서 ☐ 에 보이지 않아요.

② 세균은 ☐ 곳에서 주로 살아요.

③ 나쁜 세균도 있지만, ☐ 세균도 있어요.

보기   더러운   좋은   눈

2 왼쪽 글을 소리 내어 읽은 후 빈칸을 채워 보세요.

① 그래서 손에는 눈에 보이지 않는 작은 ☐☐ 이 많이 붙어 있다.

② 무심코 손으로 입이나 코를 만질 때, 세균이 우리 ☐☐☐ 들어갈 수 있다.

③ 그래서 밥을 먹기 전이나 ☐☐ 에 다녀온 뒤, 밖에서 놀고 난 후에는 꼭 손을 씻어야 한다.

④ 손 ☐☐ 는 우리 몸을 지켜 주는 좋은 습관이다.

3 손을 왜 자주 씻어야 할까요?

- 손에 예쁜 그림을 그리려고
- 손을 따뜻하게 하려고
- 세균이 몸에 들어가지 못하게 하려고

4 세균이 눈에 보일 만큼 커서 돌아다닌다면, 어떤 방법으로 막을 수 있을까요?

기침이 병균을 내보낸다고?

감기에 걸리면 콧물이 나거나 기침이 나기도 한다. 그런데 우리는 왜 기침을 할까?

기침은 우리 몸이 나쁜 것들을 밖으로 내보내려고 할 때 하는 행동이다. 먼지나 세균, **바이러스** 같은 것들이 코나 목, 기관지에 들어오면, 몸이 그것들을 내보내기 위해 기침을 한다. 그래서 기침은 몸이 아프지 않게 스스로 지키려고 하는 **신호**이기도 하다.

기침이 자주 나면 입을 가리고, 손을 잘 씻어야 한다. 또 마스크를 쓰는 것도 다른 사람을 배려하는 좋은 방법이다.

기침을 하면 몸속에 들어온 병균이 어떻게 될까?

콜록콜록~ 마스크가 필요해!

바이러스 : 사람이나 동물 몸에 들어가면, 병을 일으킬 수 있는 아주 작은 생물이에요.
신호 : 어떤 것을 알리기 위해 보내는 말이나 행동이에요.

1 마스크의 특징을 다음 보기 에서 찾아 써 보세요.

① 마스크는 코와 ☐ 을 덮어요.

② 마스크는 ☐ 를 막아 줘요.

③ 마스크는 ☐ 써야 효과가 있어요.

보기 입   바르게   바이러스

2 왼쪽 글을 소리 내어 읽은 후 빈칸을 채워 보세요.

① ☐☐ 에 걸리면 콧물이 나거나 기침이 나기도 한다.

② 기침은 우리 몸이 나쁜 것들을 밖으로 ☐☐☐☐ 할 때 하는 행동이다.

③ 그래서 기침은 몸이 아프지 않게 스스로 지키려고 하는 ☐☐ 이기도 하다.

④ 기침이 자주 나면 입을 ☐☐, 손을 잘 씻어야 한다.

3 기침을 하는 이유는 무엇인가요?

- 목을 가다듬기 위해
- 몸속 나쁜 것들을 내보내기 위해
- 친구에게 신호를 보내기 위해

4 기침을 할 때 어떤 느낌과 소리가 나는지 자세히 써 보세요.

3주차 19일 _ 과학·환경 신문

소리 내어 읽기 ○ ○ ○

신비로운 우리 몸　　**눈·코·입의 할 일**

눈·코·입의 역할이 뭐지?

　우리 얼굴에는 눈, 코, 입이 있다. 이 세 가지는 **생김새**도 다르고, 하는 일도 다르다.

　눈은 세상을 보는 일을 한다. 친구의 얼굴, 하늘의 구름, 책 속 글자도 눈이 있어야 볼 수 있다. 코는 냄새를 맡는 일을 한다. 맛있는 음식 냄새나 향긋한 꽃향기를 코가 먼저 알아차린다. 입은 말을 하거나 음식을 먹는 일을 한다. 밥을 먹고, 노래를 부르고, 웃는 것도 입의 역할이다.

　눈, 코, 입은 각자 다른 역할을 하면서도, 조화롭게 우리 몸을 도와주는 소중한 **기관**이다.

우리 몸에서 눈·코·입 중 하나라도 없다면 어떻게 될까?

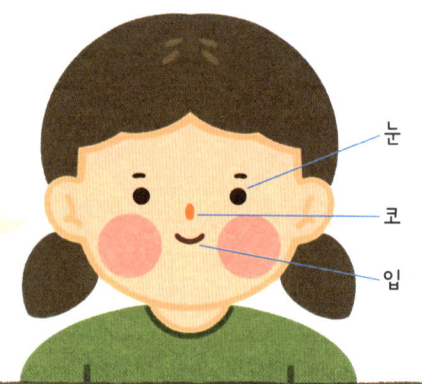

눈·코·입은 저마다 하는 일이 달라!

생김새 : 사람이나 사물의 겉모습이에요.
기관 : 몸속에서 특별한 일을 하는 부분이에요.

---

1 눈의 특징을 다음 보기 에서 찾아 써 보세요.

① 눈은 ☐☐ 을 보게 해요.

② 눈은 ☐ 개가 있어요.

③ 눈에서 ☐☐ 이 나기도 해요.

　보기　　두　　눈물　　세상

50

2 왼쪽 글을 소리 내어 읽은 후 빈칸을 채워 보세요.

① 이 세 가지는 ☐☐ 도 다르고, 하는 일도 다르다.

② 맛있는 음식 냄새나 향긋한 ☐☐ 를 코가 먼저 알아차린다.

③ 밥을 먹고, 노래를 부르고, 웃는 것도 ☐ 의 역할이다.

④ 눈, 코, 입은 각자 다른 ☐☐ 을 하면서도, 조화롭게 우리 몸을 도와주는 소중한 기관이다.

3 눈, 코, 입의 역할 중 잘못 설명한 것은 무엇인가요?

- 코는 맛있는 냄새를 맡아요.
- 입은 친구의 얼굴을 봐요.
- 눈은 책 속 글자를 봐요.

4 우리 몸에 입이 두 개라면, 어떤 일이 생길까요?

3주차 20일 _ 과학·환경 신문

신비로운 우리 몸 | **피곤이 풀리는 잠**

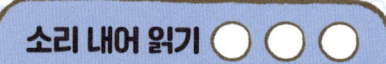

잘 자야 쑥쑥 키가 큰다고?

늦은 밤이 되면 하품이 나오며 잠이 쏟아진다. 낮에 열심히 활동한 우리 몸은 밤에는 잠을 자야 한다고 신호를 보낸다. 잠을 자는 동안 몸은 자라고 **회복**하는 일을 한다. 잠을 잘 때 나오는 '성장 **호르몬**'은 몸을 키우고 튼튼하게 만들어 준다.

잠을 푹 자면 피곤도 사라지고, 뇌도 쉴 수 있다. 반면에 너무 늦게 자거나 잠을 충분히 못 자면 몸이 잘 자라지 못하고, 쉽게 피곤해질 수 있다. 그래서 일찍 자고, 푹 자는 것은 건강을 지키는 가장 좋은 습관이다!

잠을 못 잔다면 어떤 일이 생길까?

회복 : 아프거나 지친 몸이 다시 좋아지는 거예요.
호르몬 : 몸이 잘 자라고 움직이게 도와주는, 몸에서 나오는 특별한 신호 물질이에요.

1 뇌의 특징을 다음 보기 에서 찾아 써 보세요.

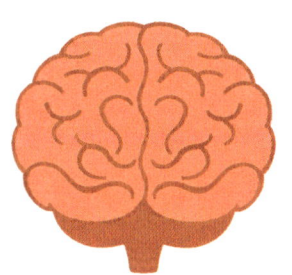

① 뇌는 ☐☐ 속에 있어요.

② 뇌는 ☐☐ 생각하게 도와줘요.

③ 뇌는 몸의 모든 기관에 ☐☐ 를 보내요.

| 보기 | 신호 | 머리 | 말하고 |

2 왼쪽 글을 소리 내어 읽은 후 빈칸을 채워 보세요.

① ☐☐ 밤이 되면 하품이 나오며 잠이 쏟아진다.

② 잠을 자는 동안 우리 몸은 ☐☐ 회복하는 일을 한다.

③ 잠을 잘 때 나오는 '성장 ☐☐☐'은 몸을 키우고 튼튼하게 만들어 준다.

④ 그래서 일찍 자고, 푹 자는 것은 건강을 지키는 가장 좋은 ☐☐ 이다!

3 잠을 잘 자면 우리 몸에 어떤 일이 생기나요?

몸이 더 피곤해져요.

몸이 자라고 튼튼해져요.

충치가 많이 생겨요.

4 여러분은 몇시에 자고 몇시에 일어나는 게 가장 좋은가요? 그 이유도 함께 쓰세요.

3주차 21일 _ 과학·환경 신문

신비로운 우리 몸 | **몸의 신호**

소리 내어 읽기

우리 몸이 신호를 보낸다고?

우리 몸은 배고플 때, 아플 때 스스로 신호를 보낸다. 배에서 꼬르륵 소리가 나면 배가 고픈 신호, 몸이 뜨겁고 기운이 없으면 아픈 신호, 하품이 자꾸 나면 졸린 신호이다. 또 목이 마르면 물이 필요하다는 뜻이고, 심장이 빨리 뛰면 몸이 힘들거나 **긴장**하고 있다는 뜻이다. 이런 신호들은 우리 몸이 "지금 이것을 원해!" 하고 알려 주는 몸의 목소리다.

우리는 이 **신호**를 잘 알아차리고, 그것에 맞게 쉬거나, 먹거나, 병원에 가야 한다. 몸이 보내는 신호를 잘 듣는 것도 나를 사랑하는 방법이다.

몸이 보내는 신호를 계속 무시하면 어떤 일이 생길까?

배가 너무 고파!

긴장 : 마음이 조마조마하거나 몸이 딱딱해지는 느낌이에요.
신호 : 약속된 표시나 소리, 몸짓으로 특정한 내용이나 정보를 알려 주는 것이에요.

1 신호의 특징을 다음 보기 에서 찾아 써 보세요.

① 신호는 어떤 것을 ☐☐ 위해 쓰여요.

② 신호는 ☐ 대신 정보를 알리는 표시예요.

③ 신호는 보거나, 듣거나 ☐☐ 수 있어요.

| 보기 | 말 | 알리기 | 느낄 |

2 왼쪽 글을 소리 내어 읽은 후 빈칸을 채워 보세요.

① 우리 몸은 배고플 때, 아플 때 ◻◻◻◻ 신호를 보낸다.

② 또 목이 마르면 물이 필요하다는 뜻이고, 심장이 빨리 뛰면 몸이 힘들거나 ◻◻◻◻ 있다는 뜻이다.

③ 우리는 이 신호를 잘 알아차리고, 그것에 맞게 쉬거나, ◻◻◻ , 병원에 가야 한다.

④ 몸이 보내는 신호를 잘 듣는 것도 나를 ◻◻◻◻ 방법이다.

3 배에서 꼬르륵 소리가 날 때, 우리 몸은 무엇을 알려 주고 있나요?

- 목이 마른다는 뜻이에요.
- 졸린다는 뜻이에요.
- 배가 고프다는 뜻이에요.

4 몸이 피곤하거나 아플 때 어떤 신호를 느껴 본 적이 있나요?

호기심 가득한 미래의 과학

상상 속 과학

4주차 22일 _ 과학·환경 신문

소리 내어 읽기

상상 속 과학 | 투명 망토의 비밀

투명 망토가 진짜 있을까?

동화에 나오는 투명 망토를 입으면 정말 눈에 보이지 않을까? 마치 마법 같지만, 과학자들이 이런 망토를 실제로 연구하고 있다.

우리가 볼 수 있는 것은 빛이 **물체**에 닿아 눈으로 들어오기 때문이다. 그런데 빛이 휘어지거나 물체를 지나쳐서 **반사**되지 않으면, 눈에 보이지 않을 수 있다. 과학자들은 '빛을 휘게 만드는 재료'를 이용해 투명해 보이는 천을 연구하고 있다.

아직은 완전히 보이지 않는 망토는 없지만, 미래에는 영화나 책에서 보던 투명 망토가 진짜로 생길지도 모른다.

투명 망토를 누구나 살 수 있다면 어떤 일들이 생길까?

투명 망토를 입고 숨어 볼까?

물체 : 눈에 보이고, 손으로 만질 수 있는 형태를 가지고 있는 것이에요.
반사 : 빛이 어떤 것에 부딪혀 다시 튕겨 나오는 거예요.

1 망토의 특징을 다음 보기 에서 찾아 써 보세요.

❶ 망토는 ☐☐ 에 걸쳐 입어요.

❷ 망토는 팔이 없는 긴 ☐ 이에요.

❸ 망토는 ☐☐☐ 나 영웅들이 주로 입어요.

보기 | 마법사   어깨   천

2 왼쪽 글을 소리 내어 읽은 후 빈칸을 채워 보세요.

① 우리가 볼 수 있는 것은 빛이 ☐☐ 에 닿아 눈으로 들어오기 때문이다.

② 그런데 빛이 ☐☐☐☐☐ 물체를 지나쳐서 반사되지 않으면, 눈에 보이지 않을 수 있다.

③ 과학자들은 '빛을 휘게 만드는 재료'를 이용해 ☐☐☐ 보이는 천을 연구하고 있다.

④ 아직은 완전히 보이지 않는 망토는 없지만, ☐☐☐☐ 영화나 책에서 보던 투명 망토가 진짜로 생길지도 모른다.

3 물건을 볼 수 있는 이유는 무엇인가요?

- 빛이 물체에 닿아 눈으로 들어오기 때문이에요.
- 냄새가 전달되기 때문이에요.
- 소리가 전달되기 때문이에요.

4 투명 망토가 진짜 생긴다면, 어떤 점이 좋고 어떤 점이 걱정될까요?

4주차 23일 _ 과학·환경 신문

상상 속 과학 | 특별한 로봇 친구

나만의 로봇 친구가 생긴다면?

요즘은 말도 하고, 춤도 추는 로봇들을 많이 볼 수 있다. 그런데 로봇은 어떻게 사람처럼 스스로 움직일까?

사실 로봇은 사람이 알려준 대로만 움직인다. 로봇 안에 있는 컴퓨터, **센서**, **프로그램**에 따라 "앞으로 가!", "손 흔들어!" 같은 명령을 받아서 움직인다. 로봇은 똑똑해 보이지만, 사람처럼 마음이나 감정은 없다. 그러나 앞으로는 스스로 생각하고 행동하는 로봇이 등장할 것이다.

그러면 우리와 더 많이 이야기하고, 함께 놀아 주는 로봇 친구도 생길 수 있다.

나는 어떤 로봇 친구가 있으면 좋을까?

센서 : 주변에서 일어나는 일(빛, 소리, 움직임 등)을 느끼는 기계예요.
프로그램 : 로봇이나 컴퓨터가 어떻게 움직일지 미리 정해 놓은 약속이에요.

---

1 로봇의 특징을 다음 **보기** 에서 찾아 써 보세요.

① 로봇은 사람이 만든 ☐☐ 예요.

② 로봇이 움직이려면 ☐☐ 이 필요해요.

③ 로봇은 ☐☐ 이 없어요.

| 보기 | 기계 | 감정 | 명령 |

2 왼쪽 글을 소리 내어 읽은 후 빈칸을 채워 보세요.

① 사실 로봇은 □□ 이 알려준 대로만 움직인다.

② 로봇 안에 있는 컴퓨터, 센서, □□□□ 에 따라 "앞으로 가!", "손 흔들어!" 같은 명령을 받아서 움직인다.

③ 로봇은 똑똑해 보이지만, 사람처럼 □□ 이나 감정은 없다.

④ 그러나 앞으로는 □□□ 생각하고 행동하는 로봇이 등장할 것이다.

3 로봇은 어떻게 움직이나요?

- 스스로 생각해서 움직여요.
- 사람의 명령에 따라 움직여요.
- 기분에 따라 움직여요.

4 나만의 로봇 친구가 생긴다면, 어떤 일을 함께하고 싶나요?

4주차 24일 _ 과학·환경 신문

상상 속 과학 | 하늘을 나는 신발

소리 내어 읽기 ○○○

하늘을 나는 신발이 있다면?

사람은 원래 날 수 없지만, 과학자들은 하늘을 날 수 있는 기계를 꾸준히 만들어 왔다. 비행기, 헬리콥터, 드론처럼 날아다니는 탈것들은 모두 날개와 **엔진**, 바람의 힘을 이용해 하늘을 난다.

작고 가벼운 날개 모터나 **추진** 장치를 붙여 하늘을 나는 신발을 개발하려는 사람들도 있다. 이 신발은 발에 달린 기계가 공기를 밀어내는 힘(추진력)을 만들어 사람이 떠오르게 도와준다고 한다.

과학이 더 발전하면 진짜 하늘을 나는 신발을 신고 세상을 내려다볼 날이 올지도 모른다.

하늘을 날면 어떤 기분일까?

신발만 신어도 날 수 있어!

엔진 : 기계를 움직이게 해 주는 힘의 장치예요.
추진 : 무언가를 앞으로 밀어내어 움직이게 하는 힘이에요.

---

1 드론의 특징을 다음 보기 에서 찾아 써 보세요.

❶ 드론은 혼자서 [   ]을 나는 기계예요.

❷ 드론은 [   ]이나 프로그램으로 조종해요.

❸ 드론에는 네 개 이상의 [   ]가 달려 있어요.

보기   하늘   날개   리모컨

2 왼쪽 글을 소리 내어 읽은 후 빈칸을 채워 보세요.

① 비행기, _____, 드론처럼 날아다니는 탈것들은 모두 날개와 엔진, 바람의 힘을 이용해 하늘을 난다.

② 작고 가벼운 날개 모터나 추진 장치를 붙여 _____ 을 나는 신발을 개발하려는 사람들도 있다.

③ 이 신발은 발에 달린 기계가 _____ 를 밀어내는 힘(추진력)을 만들어 사람이 떠오르게 도와준다고 한다.

④ 과학이 더 발전하면 진짜 하늘을 나는 _____ 을 신고 하늘에서 세상을 내려다볼 날이 올지도 모른다.

3 하늘을 나는 신발은 어떤 힘으로 사람을 뜨게 하나요?

- 소리를 크게 지르면 나오는 힘으로
- 공기를 밀어내는 힘으로
- 점프를 아주 많이 하면 나오는 힘으로

4 하늘을 나는 신발을 신는다면, 어디로 가고 싶나요?

4주차 25일 _ 과학·환경 신문

소리 내어 읽기

| 상상 속 과학 | 식물이 좋아하는 것 |

식물이 말을 한다면?

식물이 자라기 위해서 꼭 필요한 것이 있다.

식물은 햇빛을 받으면 잎에서 **광합성**을 하여 에너지를 만든다. 뿌리로는 흙 속에서 물과 **영양분**을 빨아올린다. 그래서 햇볕이 잘 드는 곳과 물이 꼭 필요하다.

비록 말은 못하지만, 식물은 물이 부족하면 잎이 축 처지고, 햇볕이 부족하면 줄기가 약해진다. 이렇게 몸으로 신호를 보내 우리에게 자신의 상태를 알려 준다. 그리고 우리가 정성껏 돌보면 다시 잎이 싱싱해지고 꽃도 활짝 핀다.

식물을 잘 돌봐야 하는 이유는 무엇일까?

햇빛과 물이 제일 좋아!

광합성 : 식물이 햇빛을 받아서 스스로 먹을 것을 만드는 활동이에요.
영양분 : 몸이나 식물이 자라게 해 주는 좋은 힘이에요.

1 잎사귀의 특징을 다음 보기 에서 찾아 써 보세요.

❶ 잎사귀는 ☐☐ 나 가지에 달려 있어요.

❷ 잎사귀는 햇빛을 받아서 ☐☐☐ 을 만들어요.

❸ 잎사귀의 모양은 나무마다 ☐☐☐ .

| 보기 | 달라요 | 영양분 | 줄기 |

2 왼쪽 글을 소리 내어 읽은 후 빈칸을 채워 보세요.

① 식물은 햇빛을 받으면 잎에서 ☐☐☐ 을 하여 에너지를 만든다.

② 뿌리로는 흙 속에서 물과 ☐☐ 을 빨아올린다.

③ 비록 말은 못하지만, 식물은 물이 ☐☐☐☐ 잎이 축 처지고, 햇볕이 부족하면 줄기가 약해진다.

④ 이렇게 몸으로 ☐☐ 를 보내 우리에게 자신의 상태를 알려 준다.

3 지금 식물이 "고마워!" 하고 말한다면, 어떤 상황일까요?

- 며칠 동안 물을 주지 않았을 때
- 잎을 만지작거리며 장난쳤을 때
- 햇빛이 잘 드는 곳으로 옮겨 주었을 때

4 여러분은 평소에 식물을 어떻게 돌보고 있는지 써 보세요.

4주차 26일 _ 과학·환경 신문

소리 내어 읽기

상상 속 과학 우주에서 온 외계인

외계인과 지구 생물은 뭐가 다를까?

지구에 사는 동식물은 모두 공기와 물을 마시며, 햇빛을 받거나 음식을 먹고 살아간다. 그런데 만약 우주에서 낯선 **생명체**, 즉 외계인이 찾아온다면 어떨까?

외계인은 생김새도 다르고, 먹는 것도, 숨 쉬는 방법도 다를 수 있다. 예를 들어, 물 대신 바람을 마시거나 눈이 세 개일지도 모른다. 지구 생물과는 다르지만, 외계인도 나름의 방식으로 살아갈 것이다.

외계인이 정말 있을지 아직은 아무도 모른다. 그러나 과학자들은 우주 곳곳에 신호를 보내며 생명체의 **흔적**을 계속 찾고 있다.

안녕? 지구인들!

저 넓은 우주에는 외계인이 진짜 있을까?

생명체 : 살아 있는 모든 것을 말해요.
흔적 : 누군가 다녀간 뒤에 남은 자국이나 표시예요.

1 외계인의 특징을 다음 보기 에서 찾아 써 보세요.

❶ 외계인은 다른 별에서 온 ☐☐☐ 예요.

❷ 외계인을 실제로 ☐ 사람은 없어요.

❸ 외계인은 우리와 ☐☐☐ 가 다를 수 있어요.

보기   생김새   본   생명체

2 왼쪽 글을 소리 내어 읽은 후 빈칸을 채워 보세요.

① 지구에 사는 ☐☐☐ 은 모두 공기와 물을 마시며, 햇빛을 받거나 음식을 먹고 살아간다.

② 그런데 만약 우주에서 낯선 생명체, 즉 ☐☐☐ 이 찾아온다면 어떨까?

③ 외계인이 정말 있을지 아직은 아무도 ☐☐☐.

④ 그러나 과학자들은 우주 곳곳에 ☐☐☐ 를 보내며 생명체의 흔적을 계속 찾고 있다.

3 지구에 사는 생물들은 어떻게 살아가고 있나요?

- 전기를 마시고 바람을 먹어요.
- 물을 마시고 햇빛이나 음식을 먹어요.
- 아무것도 먹지 않아도 괜찮아요.

4 외계인이 진짜 있다면 어떤 모습일 것 같나요?

4주차 27일 _ 과학·환경 신문

상상 속 과학 | 놀라운 과학 발명품

어떤 물건이 있으면 더 편리할까?

과학자들은 사람들의 생활을 편리하게 만들기 위해 새로운 물건과 기계를 끊임없이 연구하고 만든다. 온도를 스스로 맞추는 똑똑한 에어컨, **음성**을 알아듣고 일을 하는 로봇, 혼자서 운전하는 자동차도 과학의 힘으로 만들어졌다.

내가 과학자라면, 어떤 물건을 발명할까? 알아서 간식을 만들어 주는 기계, 좋아하는 목소리로 이야기를 들려주는 그림책 로봇, 속상할 때 웃긴 춤을 춰 주는 인형 등도 만들 수 있다. 우리의 상상은 언젠가 과학으로 이루어질 수 있다. 과학은 우리가 상상한 것을 **현실**로 바꾸는 힘이다.

상상을 현실로 만들어 볼까?

놀라운 발명품들은 어떻게 만들어졌을까?

음성 : 사람의 말소리예요.
현실 : 지금 우리가 살고 있는 진짜 세상이에요.

---

1 과학자의 특징을 다음 보기 에서 찾아 써 보세요.

① 과학자는 궁금한 것을 ☐☐ 해요.

② 과학자는 ☐☐ 을 통해 확인해요.

③ 과학자는 ☐☐☐ 것을 발명해요.

보기   실험   새로운   탐구

2 왼쪽 글을 소리 내어 읽은 후 빈칸을 채워 보세요.

❶ 과학자들은 사람들의 생활을 편리하게 만들기 위해 새로운 물건과 기계를 [　　　] 연구하고 만든다.

❷ 내가 과학자라면, 어떤 물건을 [　　　]?

❸ 우리의 상상은 언젠가 [　　　]으로 이루어질 수 있다.

❹ 과학은 우리가 상상한 것을 [　　　]로 바꾸는 힘이다.

3 과학자들이 물건을 발명하는 이유는 무엇인가요?

- 사람들이 서로 사이좋게 지내게 하려고
- 사람들의 생활을 더 편리하게 만들기 위해
- 사람들이 잠을 잘 자게 하기 위해

4 여러분은 세상에 어떤 발명품이 생기면 좋겠나요?

4주차 28일 _ 과학·환경 신문

상상 속 과학 | 미래의 지구

미래의 지구는 어떤 모습일까?

우리가 사는 지구에는 많은 생명체가 함께 살아가고 있다. 지구는 모두에게 소중한 집이다. 그런데 쓰레기가 많아지고, 공기가 나빠지면 지구는 점점 아프고 힘들어진다. 바다가 더러워지면 물고기가 살기 어렵고, 나무가 사라지면 공기도 맑지 않게 된다.

미래의 지구가 아름답고 깨끗하려면, 지금부터라도 환경을 잘 **가꾸어야** 한다. 물은 아껴 쓰고, 쓰레기는 줄이고, 재활용도 잘해야 한다. 나무를 심고, 동식물도 보호해야 한다. 작은 **실천**이 모이면 미래의 지구는 건강할 것이다.

지구를 아끼고 사랑해야 하는 이유는 뭘까?

지구를 아껴주세요!

가꾸다 : 예쁘고 건강하게 자라도록 돌봐 주는 거예요.
실천 : 생각하거나 약속한 것을 직접 행동으로 하는 거예요.

1 재활용의 특징을 다음 보기 에서 찾아 써 보세요.

① 재활용은 _____ 를 줄여요.

② 재활용은 _____ 을 아낄 수 있어요.

③ 재활용 쓰레기를 _____ 배출해요.

| 보기 | 분리 | 쓰레기 | 자원 |

2 왼쪽 글을 소리 내어 읽은 후 빈칸을 채워 보세요.

① 그런데 쓰레기가 많아지고, 공기가 [　　　]

지구는 점점 아프고 힘들어진다.

② 바다가 더러워지면 물고기가 살기 어렵고,

나무가 사라지면 공기도 [　　　] 않게 된다.

③ [　　　] 의 지구가 아름답고 깨끗하려면,

지금부터라도 환경을 잘 가꾸어야 한다.

④ 작은 [　　　] 이 모이면 미래의 지구는 건강할 것이다.

3 미래의 지구를 위해 해야 할 행동은 무엇인가요?

쓰레기를 아무 데나 버려요.

플라스틱을 마음껏 써요.

물을 아껴 쓰고, 재활용을 잘해요.

4 지구를 깨끗하게 만들기 위해 지금 당장 할 수 있는 일을 써 보세요.

정답

열심히 문제를 풀고 꼼꼼하게 정답을 확인해 보세요.
4번 문제의 정답은 없어요!
자신의 의견을 자유롭게 표현하고 써 보세요.

정답 1주차

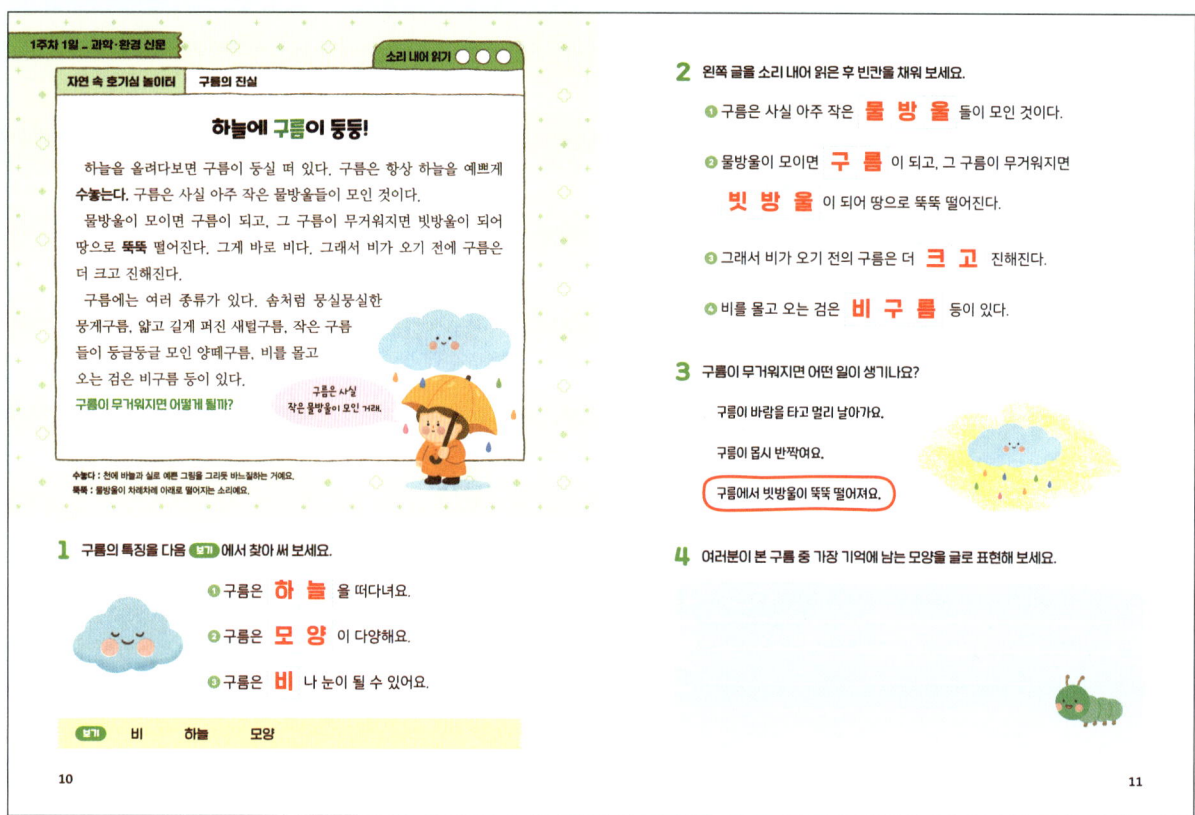

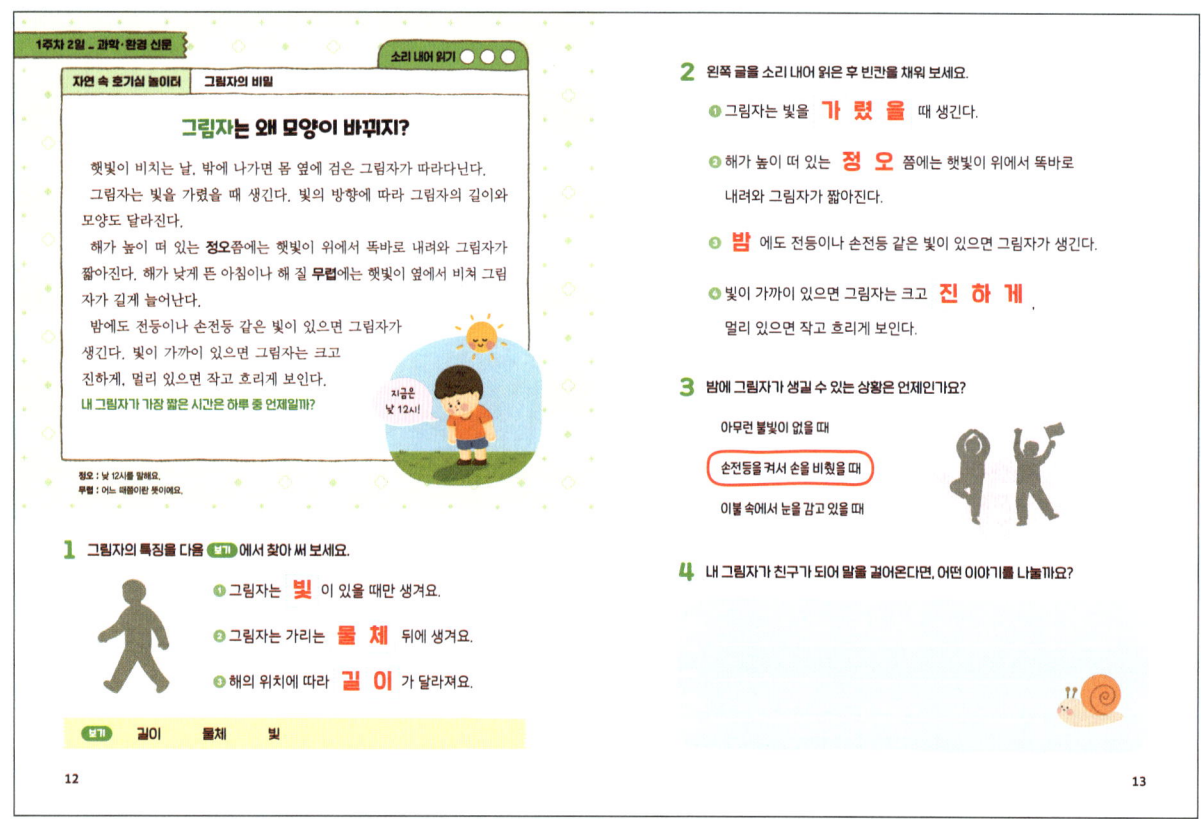

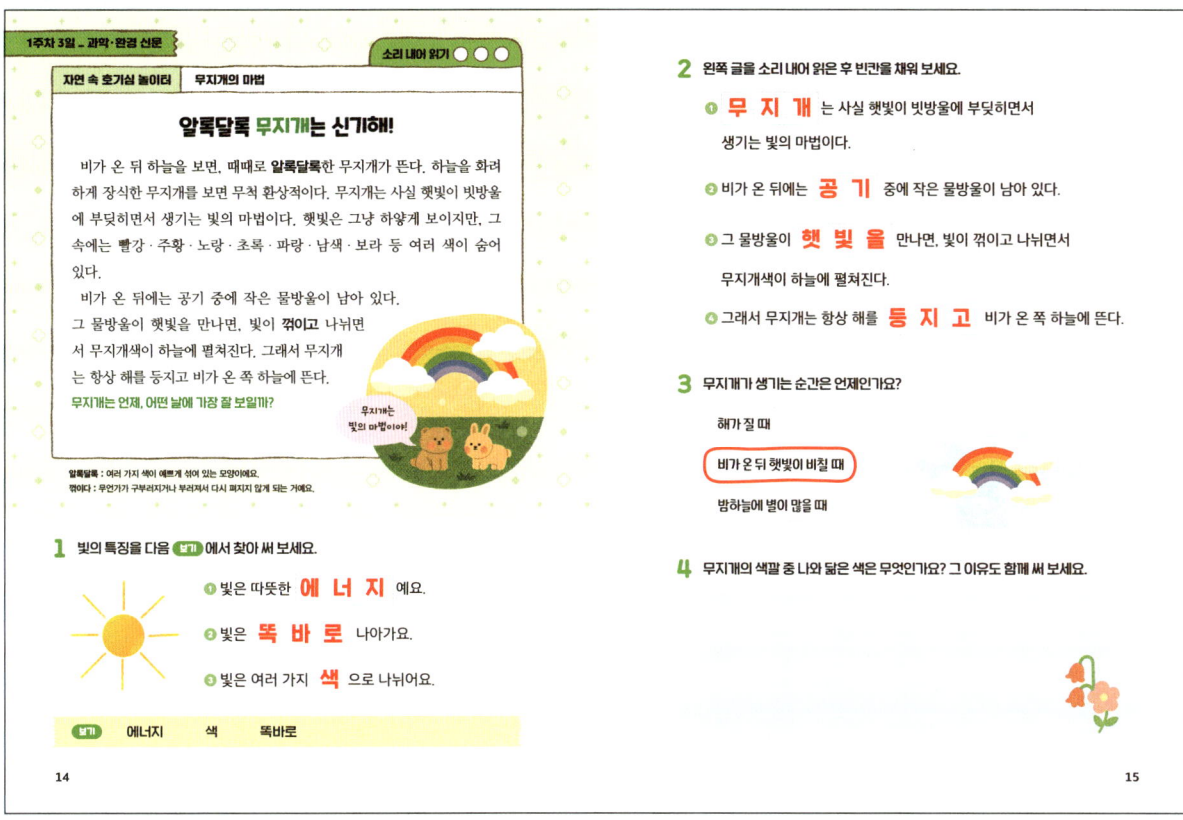

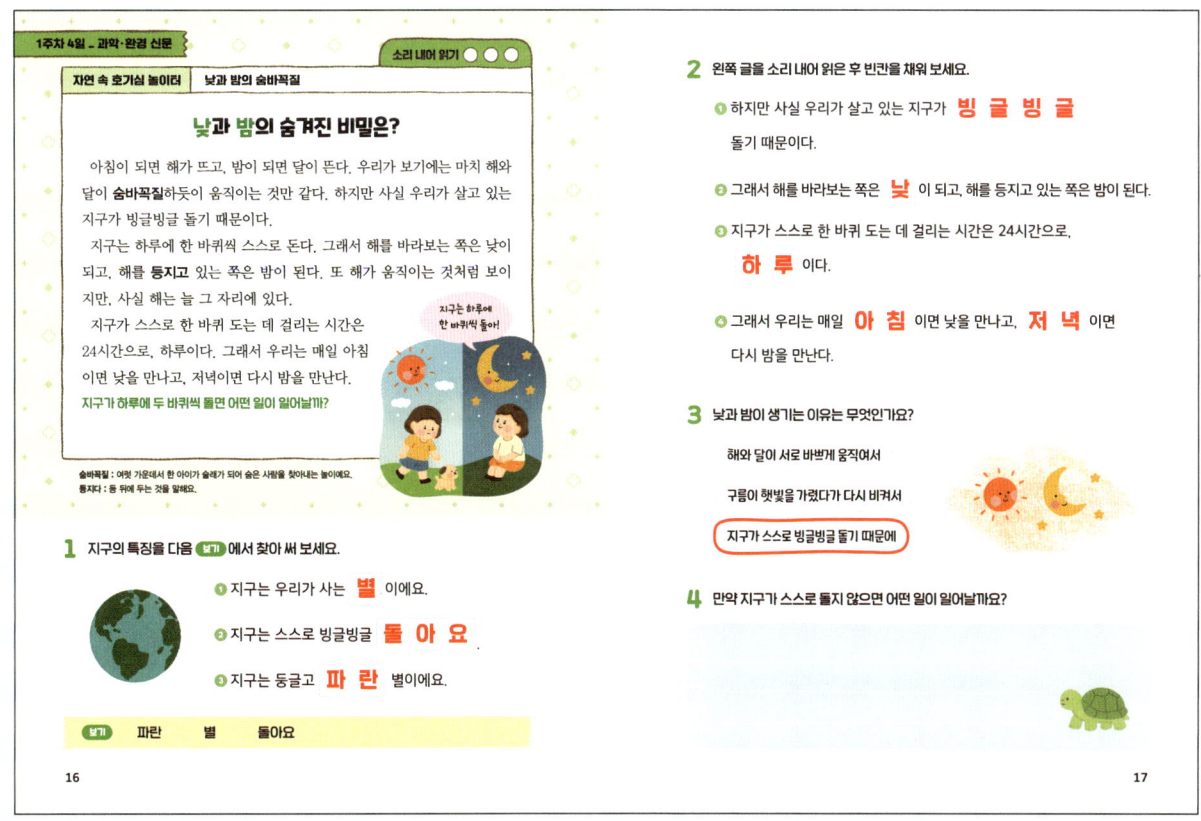

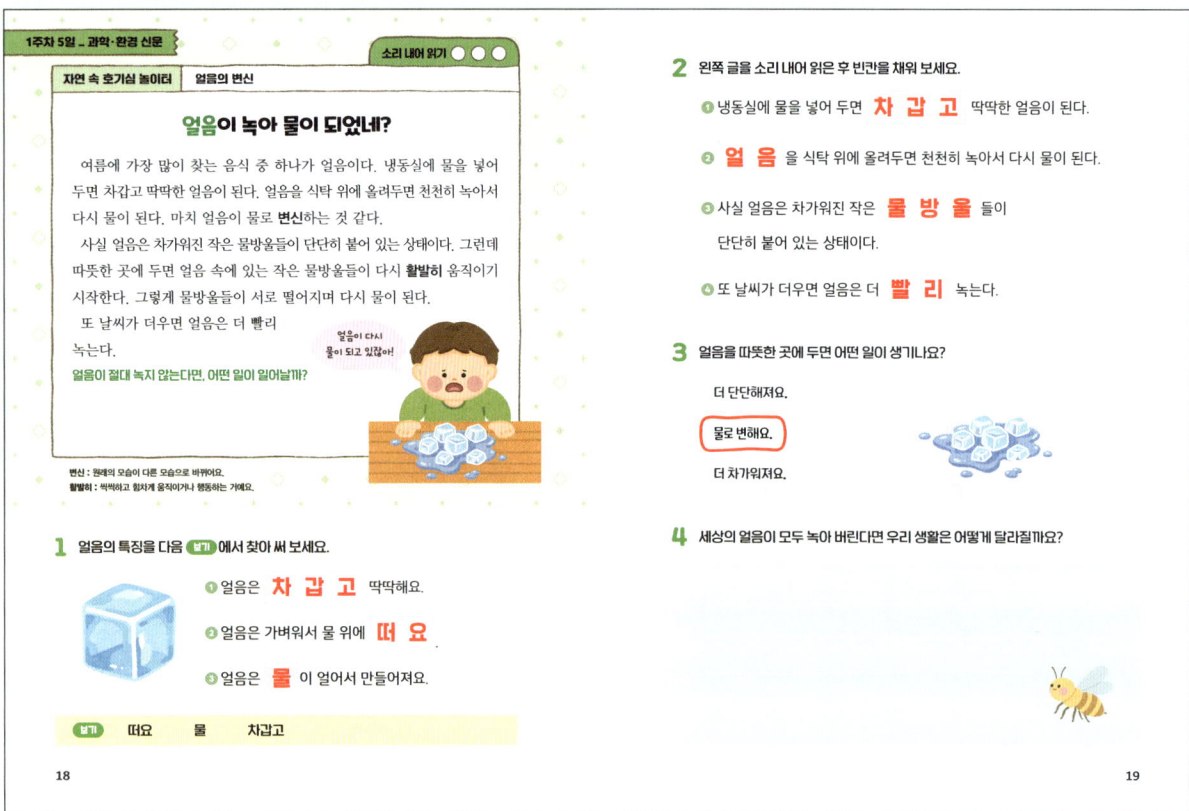

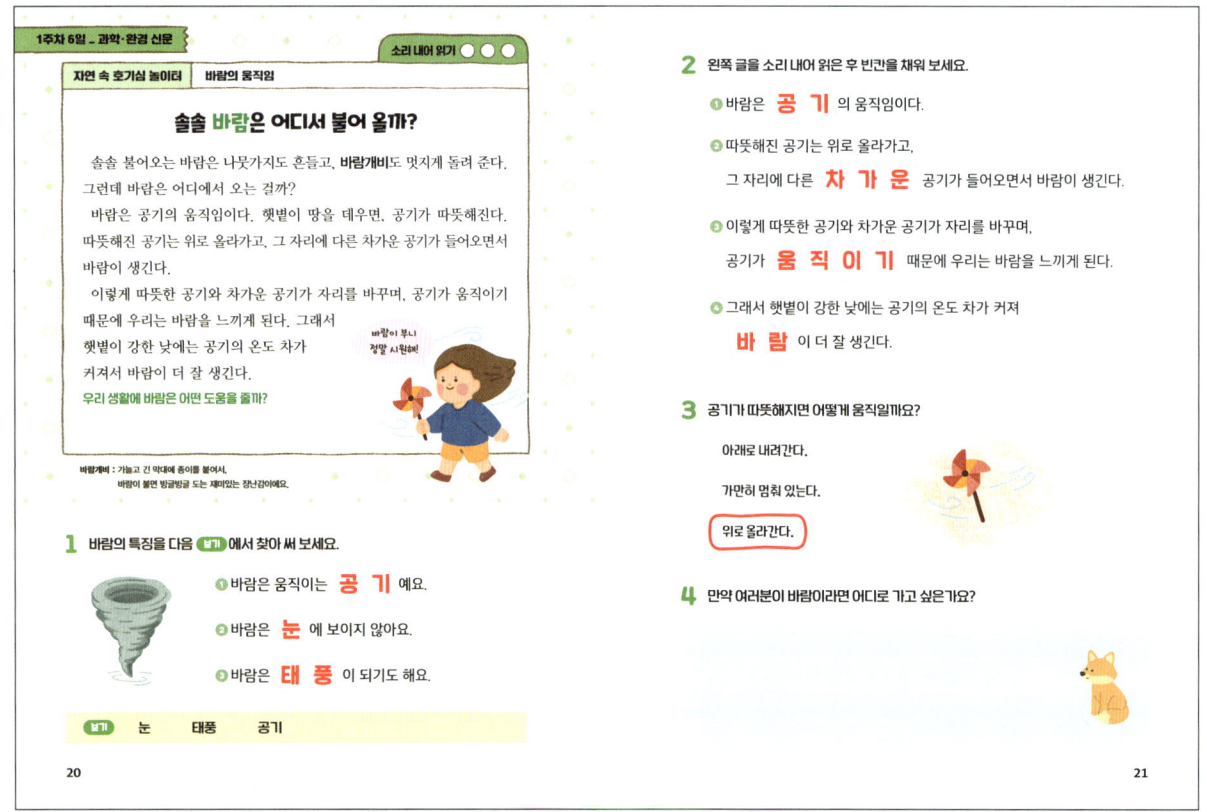

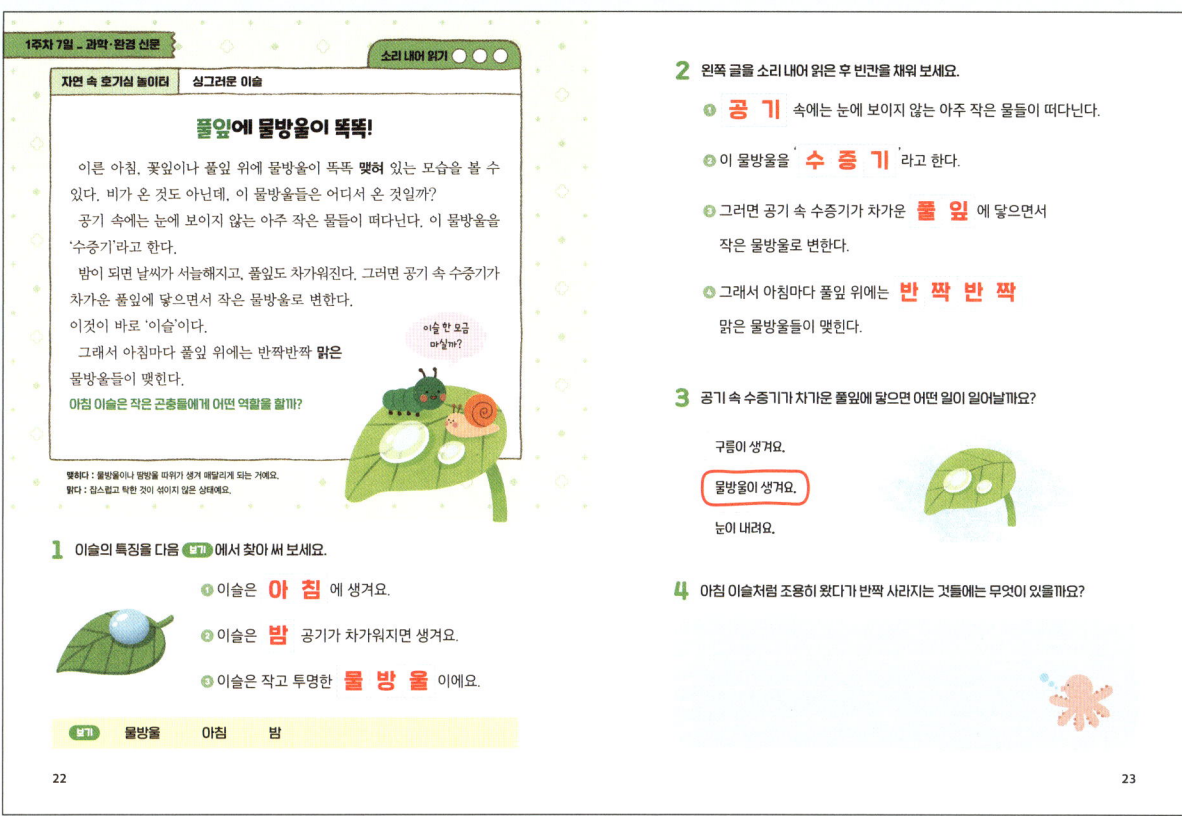

정답 2주차

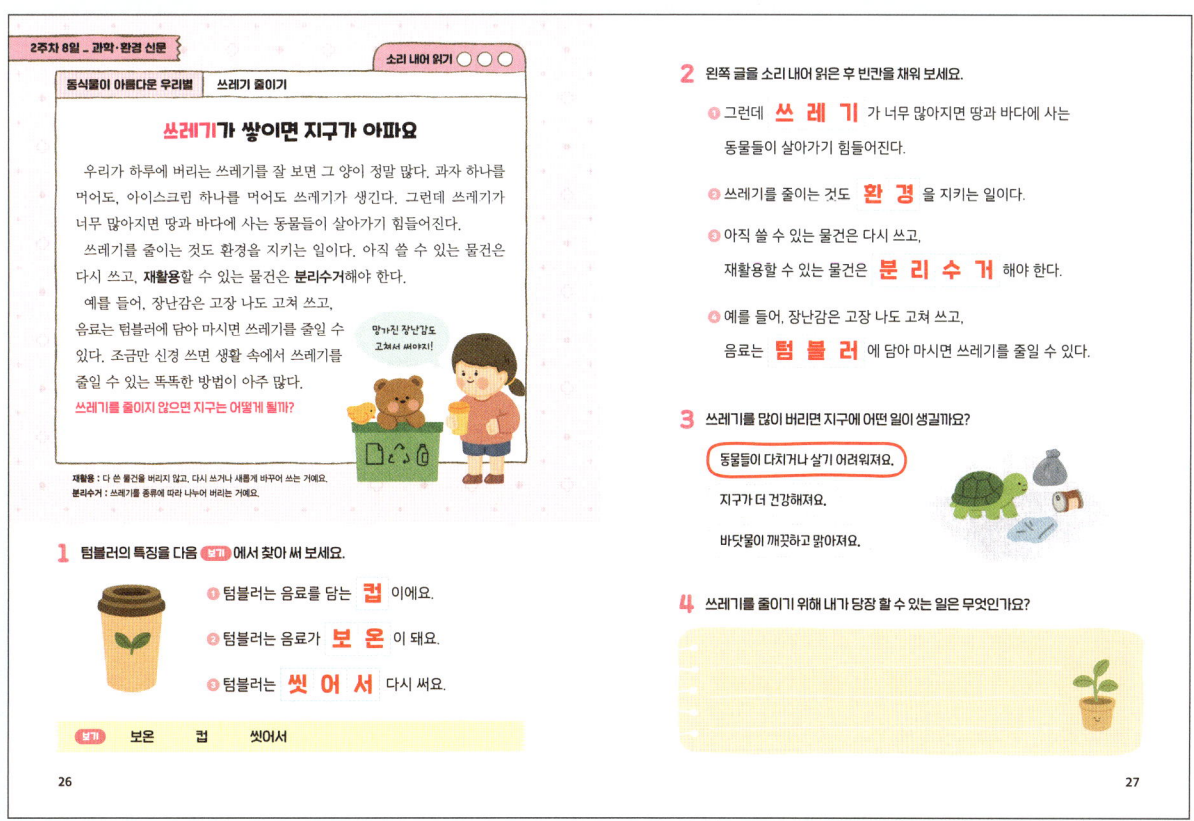

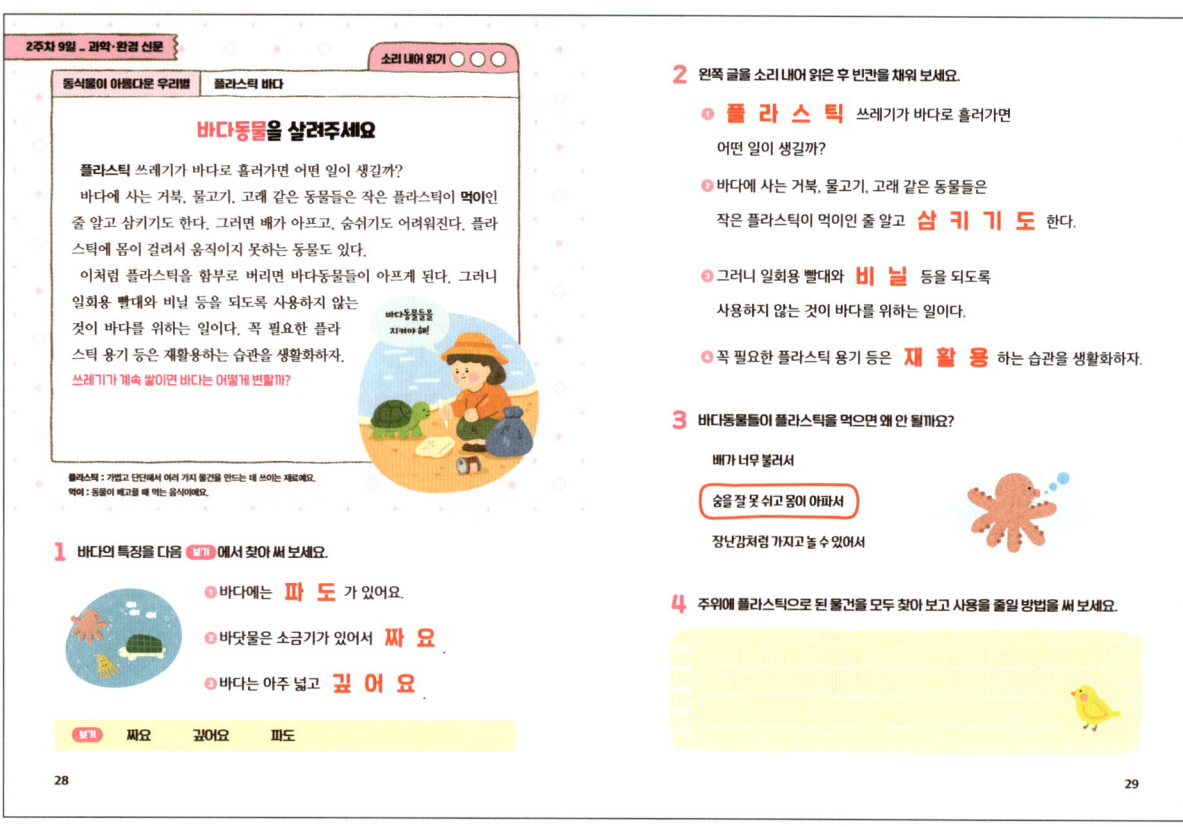

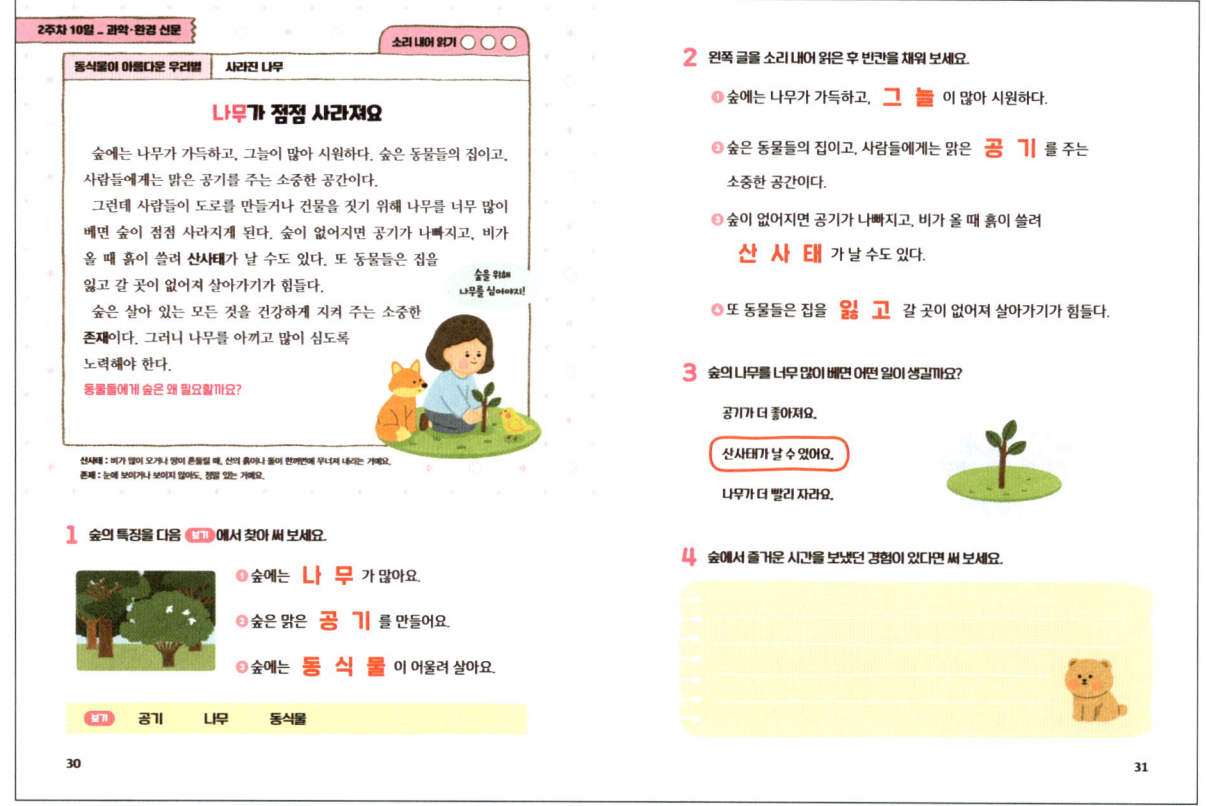

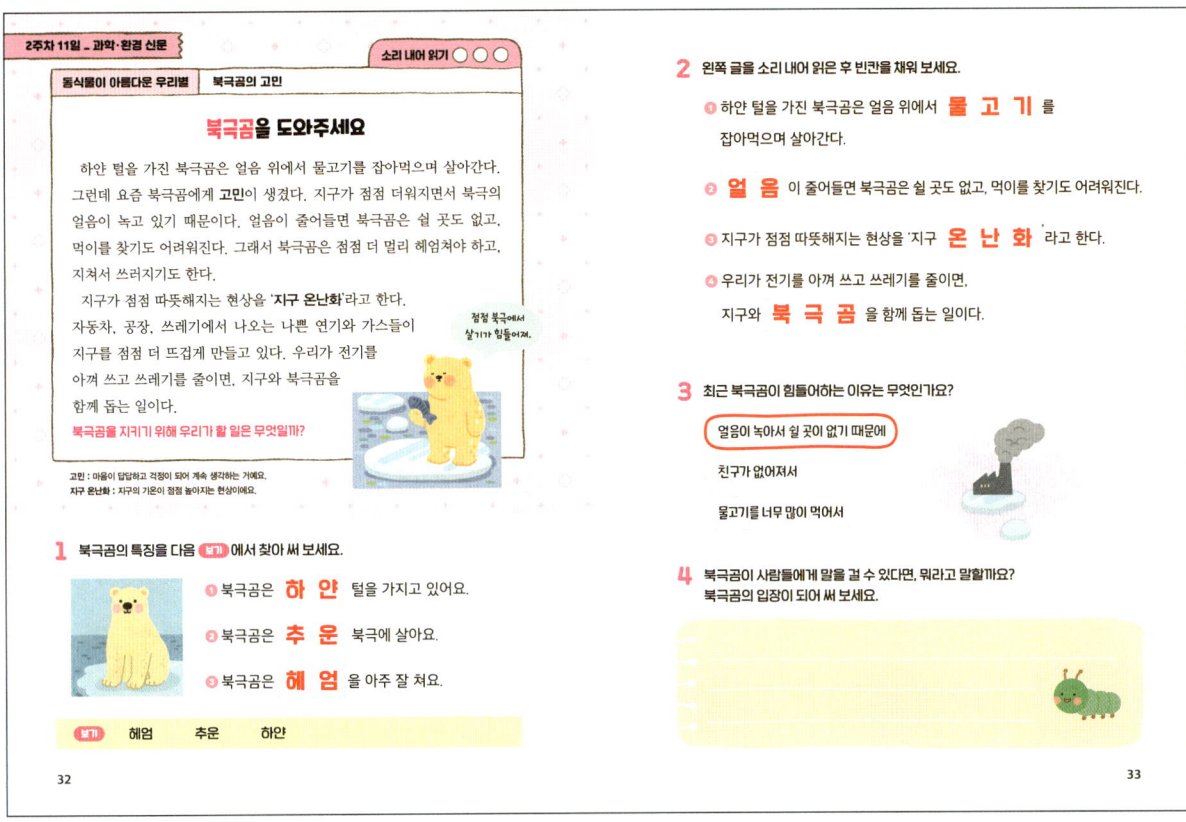

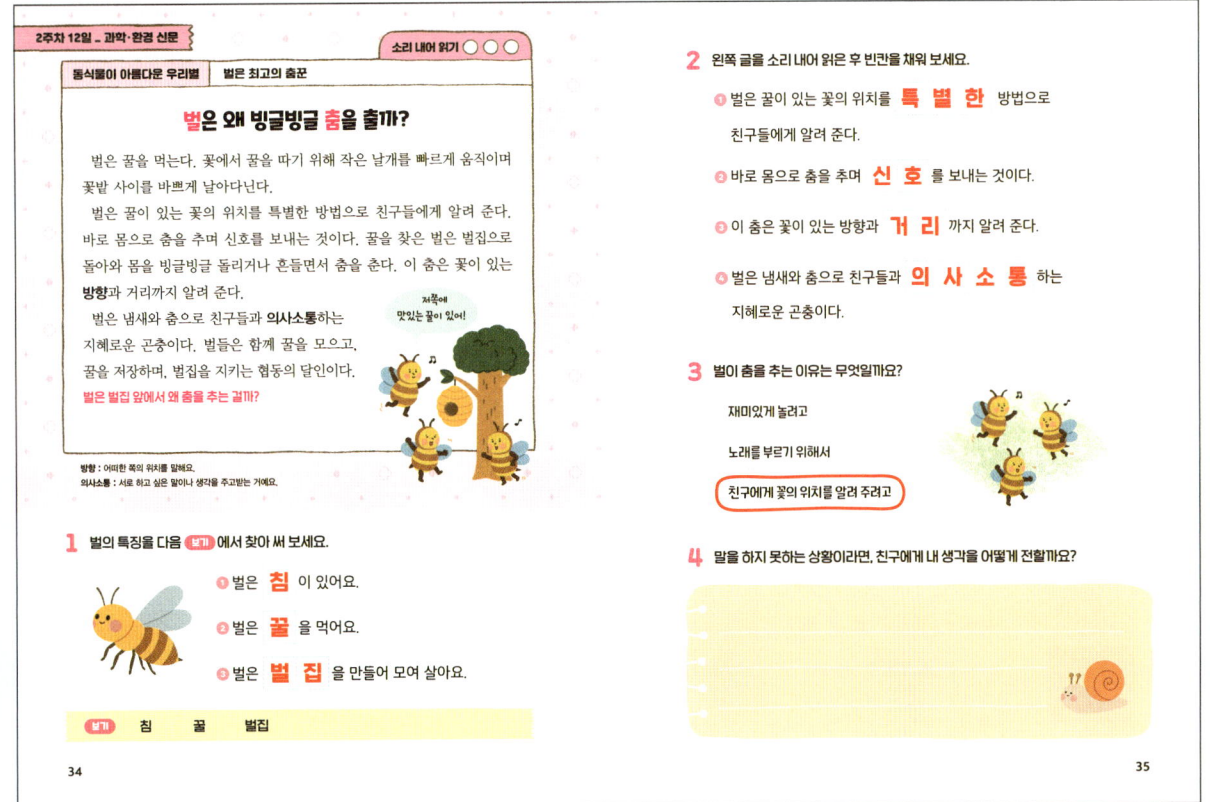

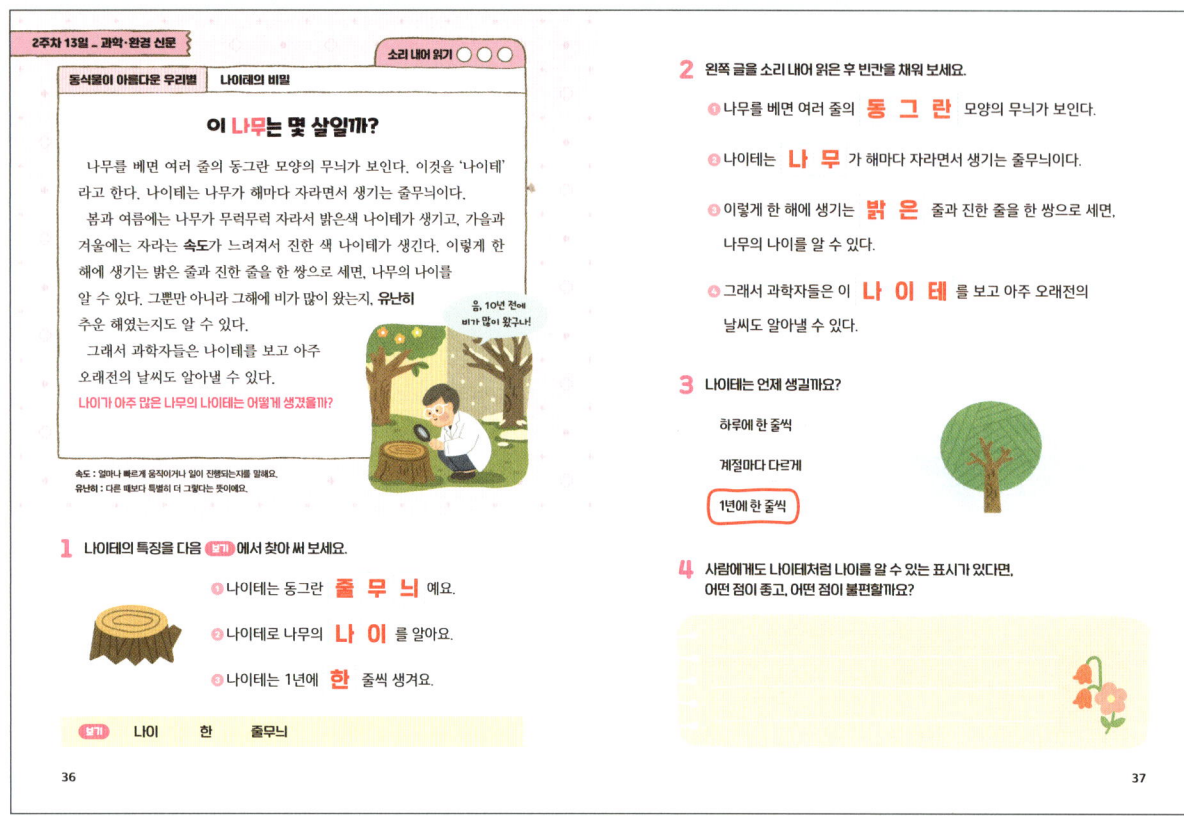

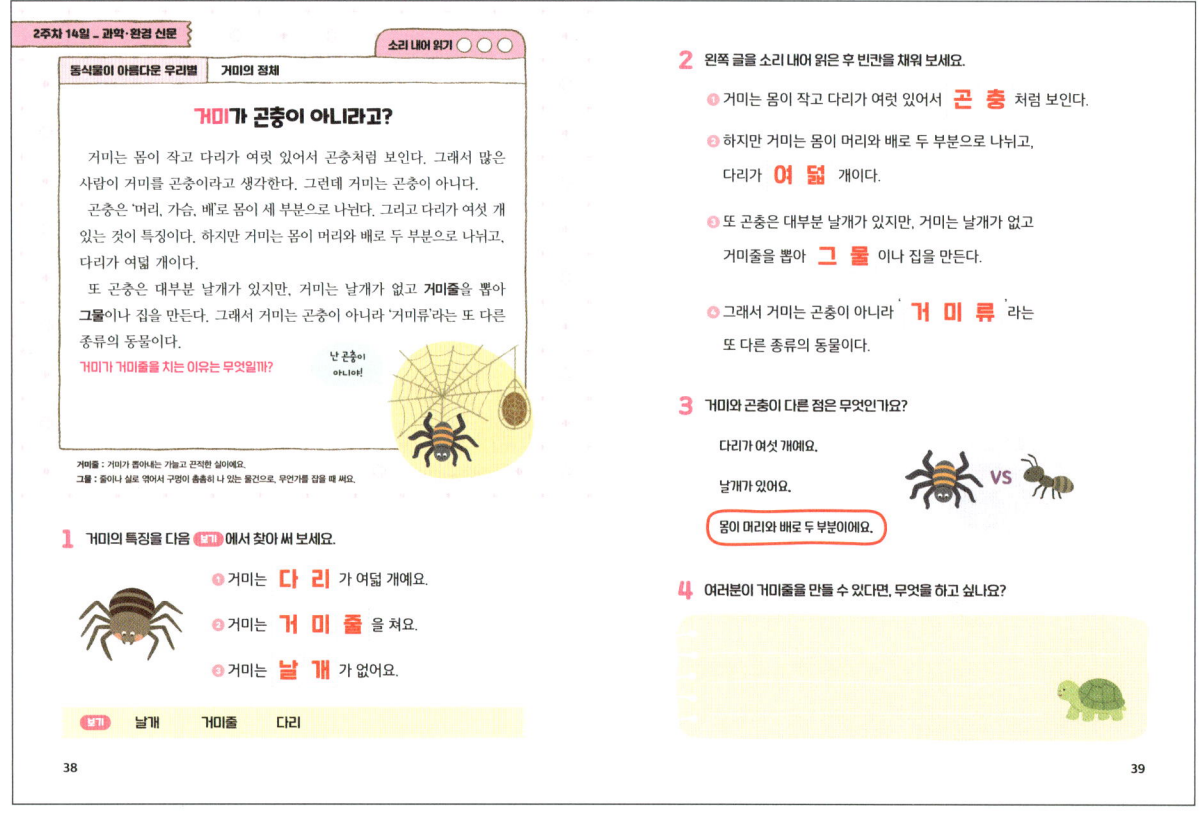

정답 3주차

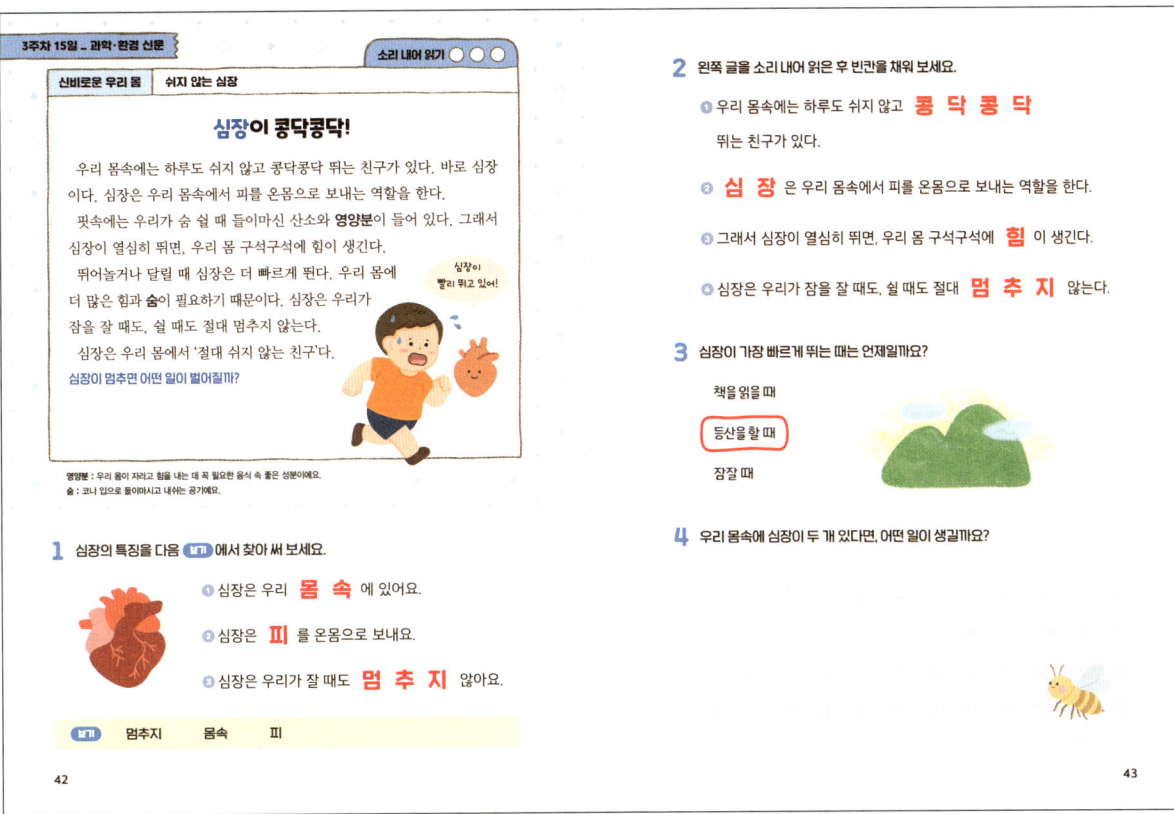

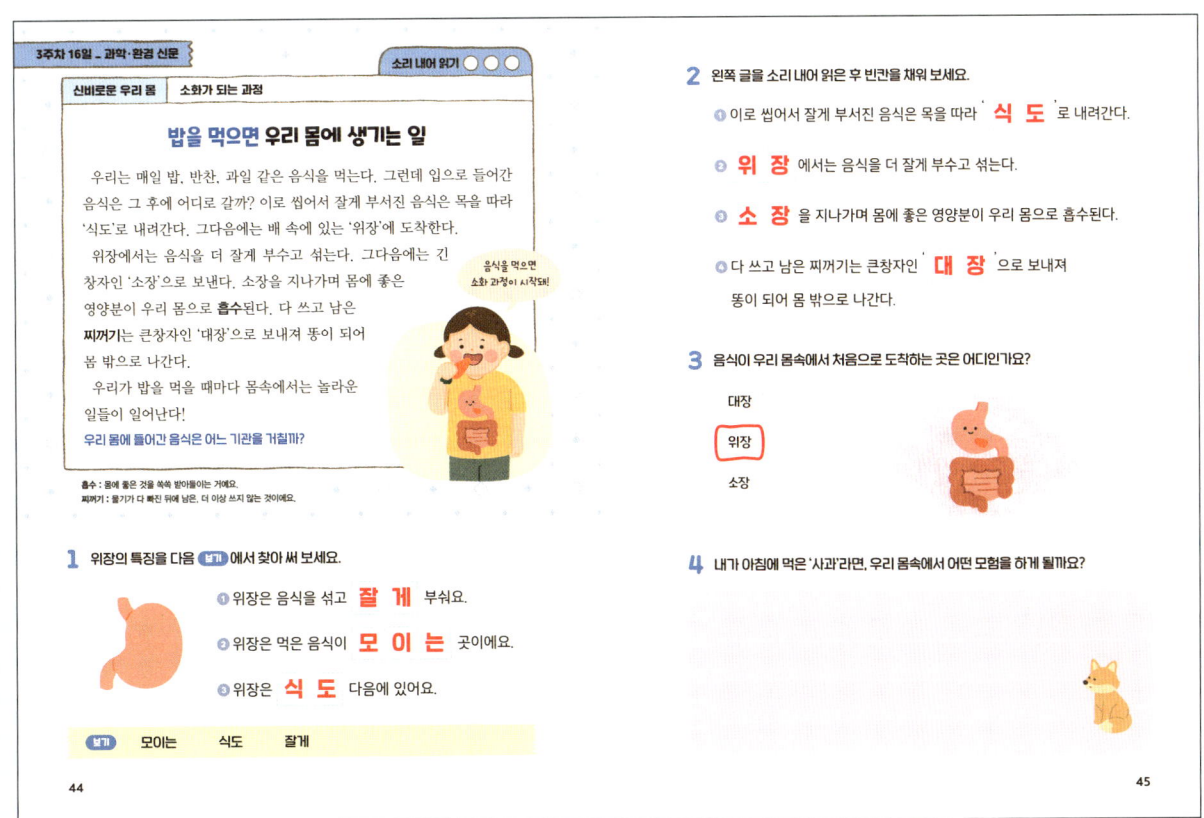

3주차 17일 _ 과학·환경 신문
신비로운 우리 몸 | 뽀득뽀득 손 씻기

소리 내어 읽기 ○○○

손은 왜 씻어야 하지?

우리 몸에서 가장 많이 사용하는 것은 바로 손이다. 매일 손으로 방문 손잡이, 장난감, 책, 책상, 의자 등 많은 것을 만진다. 그래서 손에는 눈에 보이지 않는 작은 세균이 많이 붙어 있다.

세균은 너무 작아서 눈으로는 볼 수 없지만, 우리 몸에 들어오면 몸을 아프게 만들 수 있다. **무심코** 손으로 입이나 코를 만질 때, 세균이 우리 몸속으로 들어갈 수 있다.

그래서 밥을 먹기 전이나 화장실에 다녀온 뒤, 밖에서 놀고 난 후에는 꼭 손을 씻어야 한다. 손 씻기는 우리 몸을 지켜 주는 좋은 **습관**이다.

손을 잘 씻지 않으면 어떻게 될까?

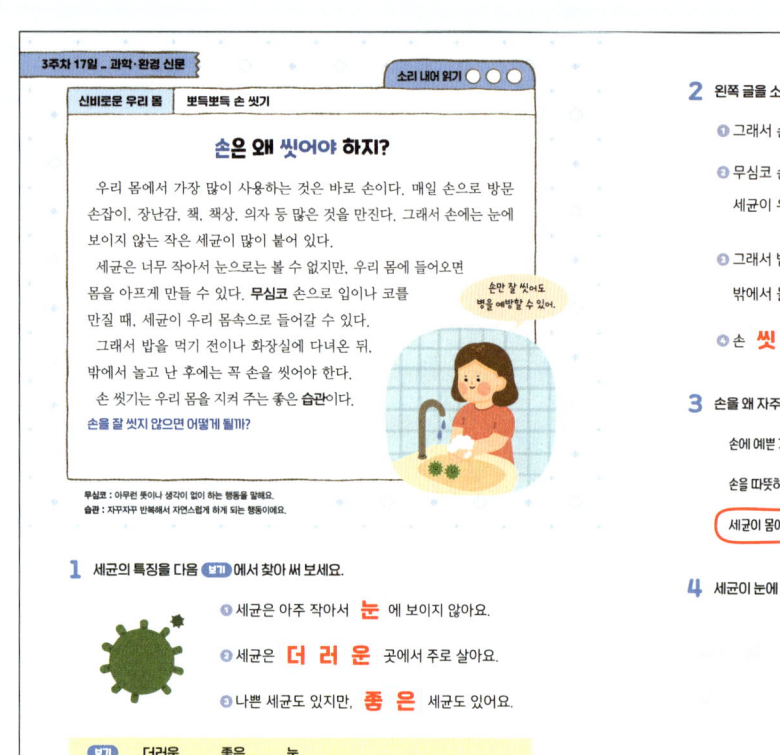

손만 잘 씻어도 병을 예방할 수 있어.

무심코: 아무런 뜻이나 생각이 없이 하는 행동을 말해요.
습관: 자꾸자꾸 반복해서 자연스럽게 하게 되는 행동이에요.

1 세균의 특징을 다음 *보기* 에서 찾아 써 보세요.

① 세균은 아주 작아서 **눈** 에 보이지 않아요.
② 세균은 **더러운** 곳에서 주로 살아요.
③ 나쁜 세균도 있지만, **좋은** 세균도 있어요.

보기 더러운 좋은 눈

2 왼쪽 글을 소리 내어 읽은 후 빈칸을 채워 보세요.

① 그래서 손에는 눈에 보이지 않는 작은 **세 균** 이 많이 붙어 있다.
② 무심코 손으로 입이나 코를 만질 때, 세균이 우리 **몸 속 으 로** 들어갈 수 있다.
③ 그래서 밥을 먹기 전이나 **화 장 실** 에 다녀온 뒤, 밖에서 놀고 난 후에는 꼭 손을 씻어야 한다.
④ 손 **씻 기** 는 우리 몸을 지켜 주는 좋은 습관이다.

3 손을 왜 자주 씻어야 할까요?

손에 예쁜 그림을 그리려고
손을 따뜻하게 하려고
⟨세균이 몸에 들어가지 못하게 하려고⟩

4 세균이 눈에 보일 만큼 커서 돌아다닌다면, 어떤 방법으로 막을 수 있을까요?

3주차 18일 _ 과학·환경 신문
신비로운 우리 몸 | 콜록콜록 기침

소리 내어 읽기 ○○○

기침이 병균을 내보낸다고?

감기에 걸리면 콧물이 나거나 기침이 나기도 한다. 그런데 우리는 왜 기침을 할까?

기침은 우리 몸이 나쁜 것들을 밖으로 내보내려고 할 때 하는 행동이다. 먼지나 세균, **바이러스** 같은 것들이 코나 목, 기관지에 들어오면, 몸이 그것들을 내보내기 위해 기침을 한다. 그래서 기침은 몸이 아프지 않게 스스로 지키려고 하는 **신호**이기도 하다.

기침이 자주 나면 입을 가리고, 손을 잘 씻어야 한다. 또 마스크를 쓰는 것도 다른 사람을 배려하는 좋은 방법이다.

기침을 하면 몸속에 들어온 병균이 어떻게 될까?

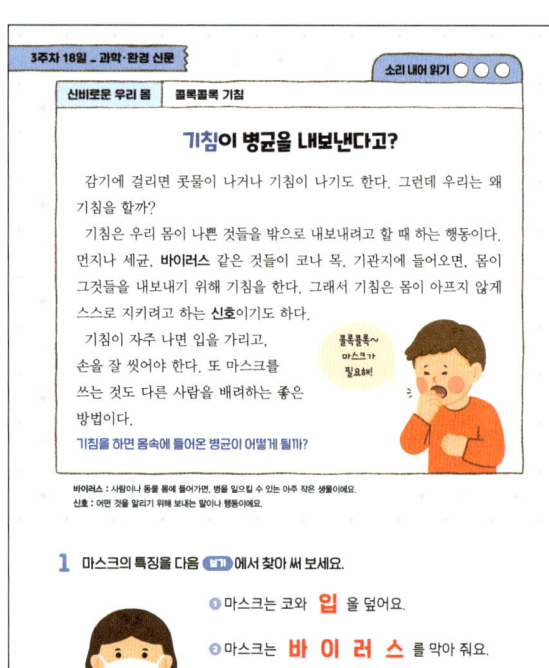

콜록콜록~ 마스크가 필요해!

바이러스: 사람이나 동물 몸에 들어가면, 병을 일으킬 수 있는 아주 작은 생물이에요.
신호: 어떤 것을 알리기 위해 보내는 말이나 행동이에요.

1 마스크의 특징을 다음 *보기* 에서 찾아 써 보세요.

① 마스크는 코와 **입** 을 덮어요.
② 마스크는 **바이러스** 를 막아 줘요.
③ 마스크는 **바르게** 써야 효과가 있어요.

보기 입 바르게 바이러스

2 왼쪽 글을 소리 내어 읽은 후 빈칸을 채워 보세요.

① **감 기** 에 걸리면 콧물이 나거나 기침이 나기도 한다.
② 기침은 우리 몸이 나쁜 것들을 밖으로 **내 보 내 려 고** 할 때 하는 행동이다.
③ 그래서 기침은 몸이 아프지 않게 스스로 지키려고 하는 **신 호** 이기도 하다.
④ 기침이 자주 나면 입을 **가 리 고** , 손을 잘 씻어야 한다.

3 기침을 하는 이유는 무엇인가요?

목을 가다듬기 위해
⟨몸속 나쁜 것들을 내보내기 위해⟩
친구에게 신호를 보내기 위해

4 기침을 할 때 어떤 느낌과 소리가 나는지 자세히 써 보세요.

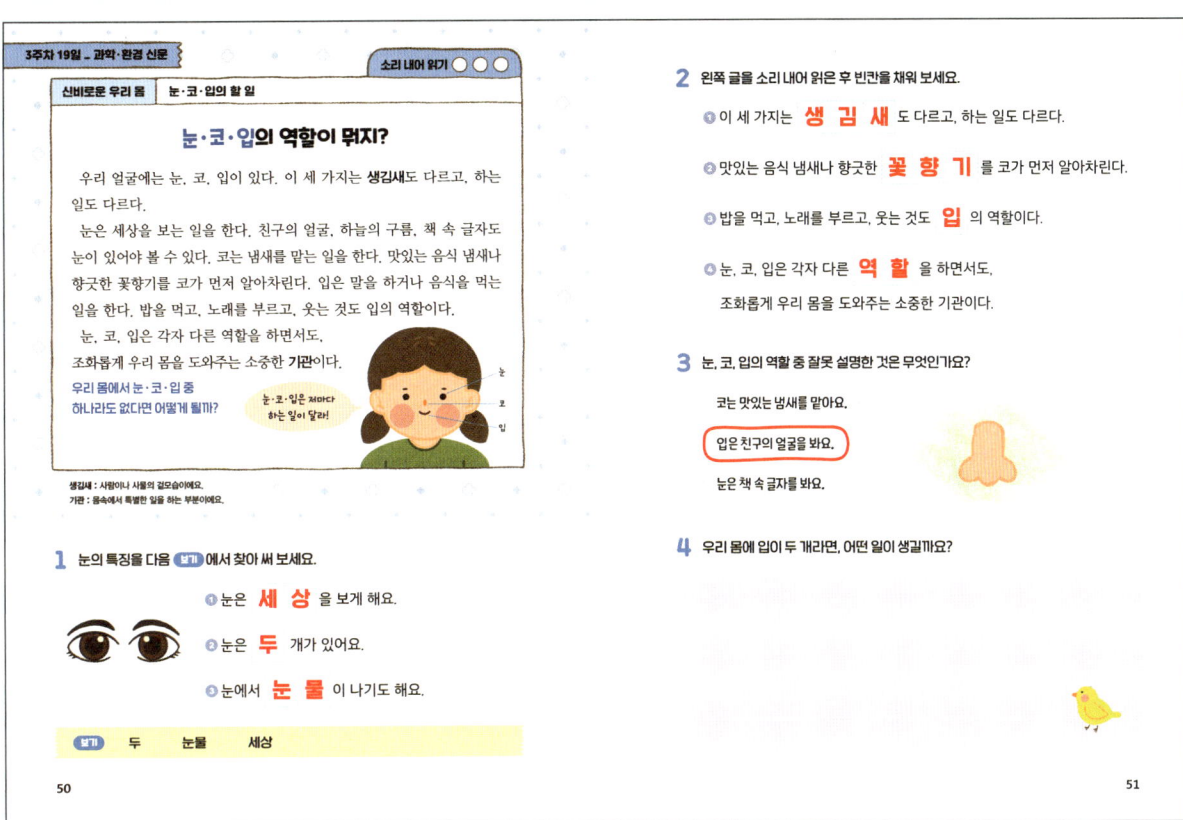

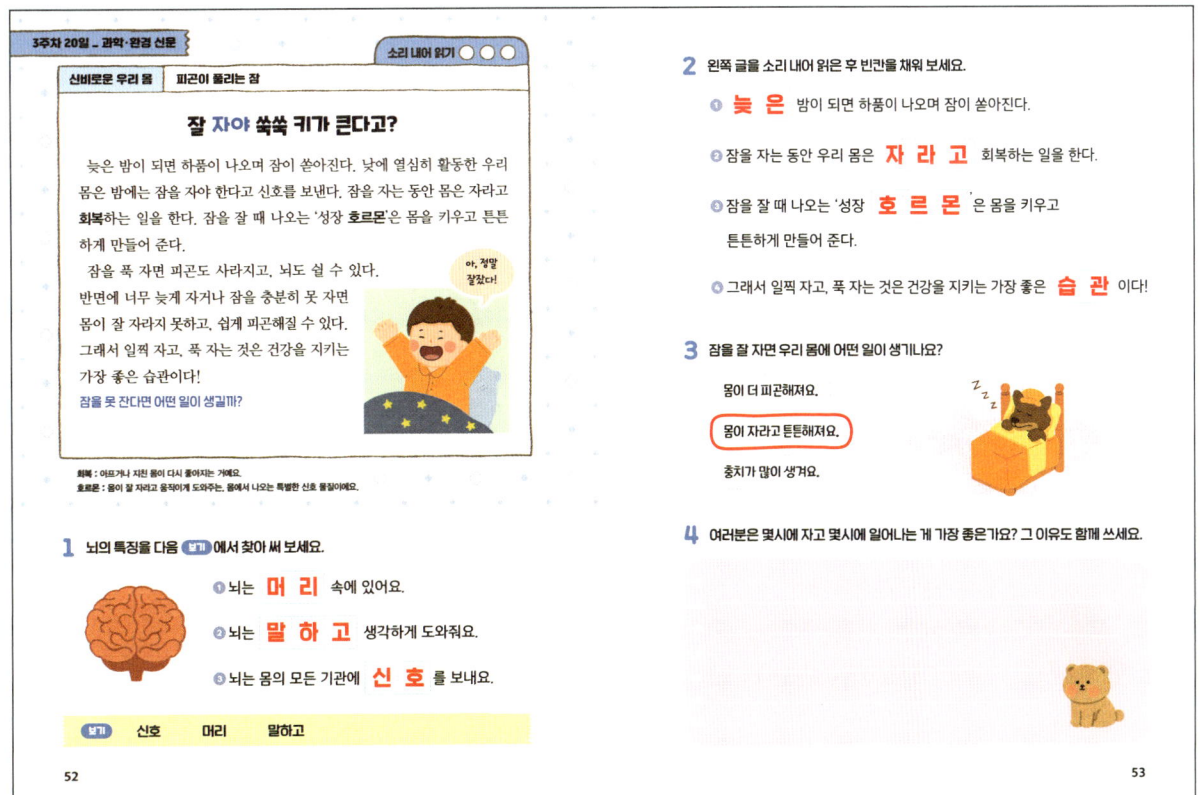

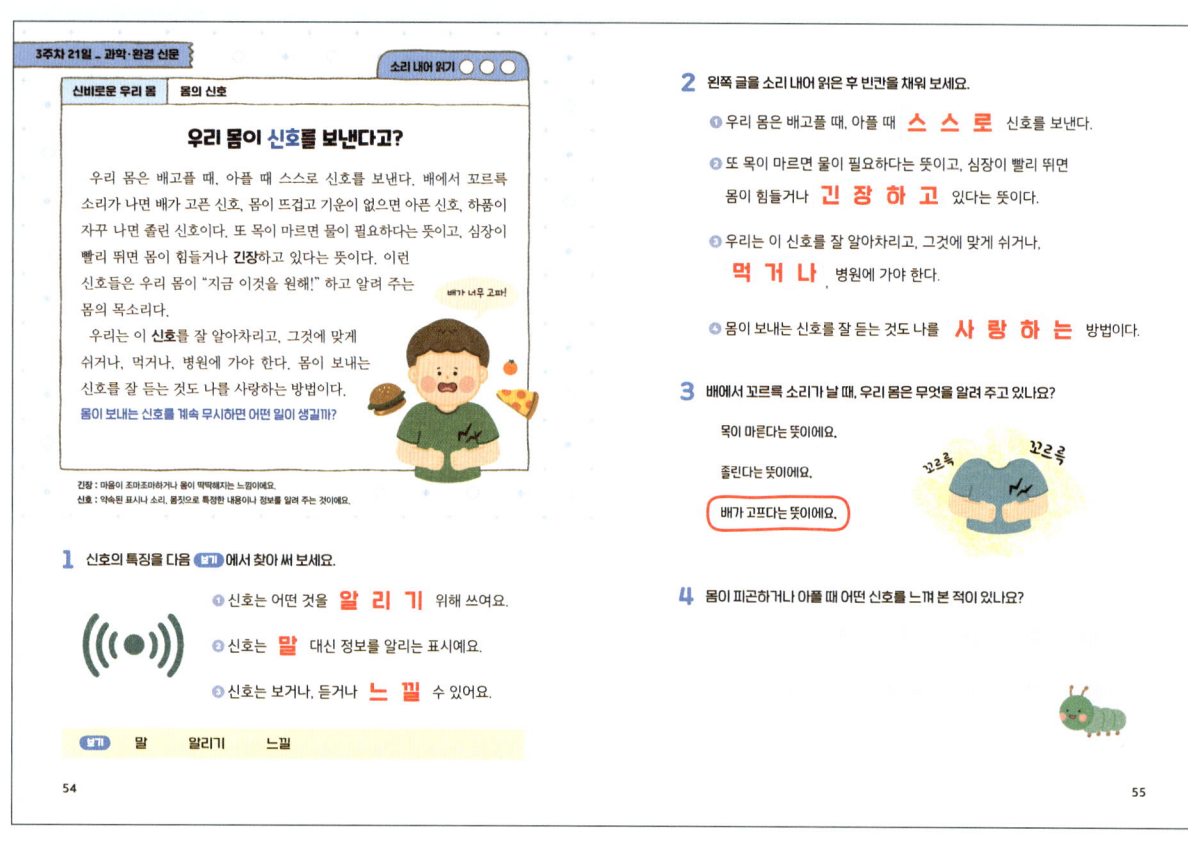

정답 4주차

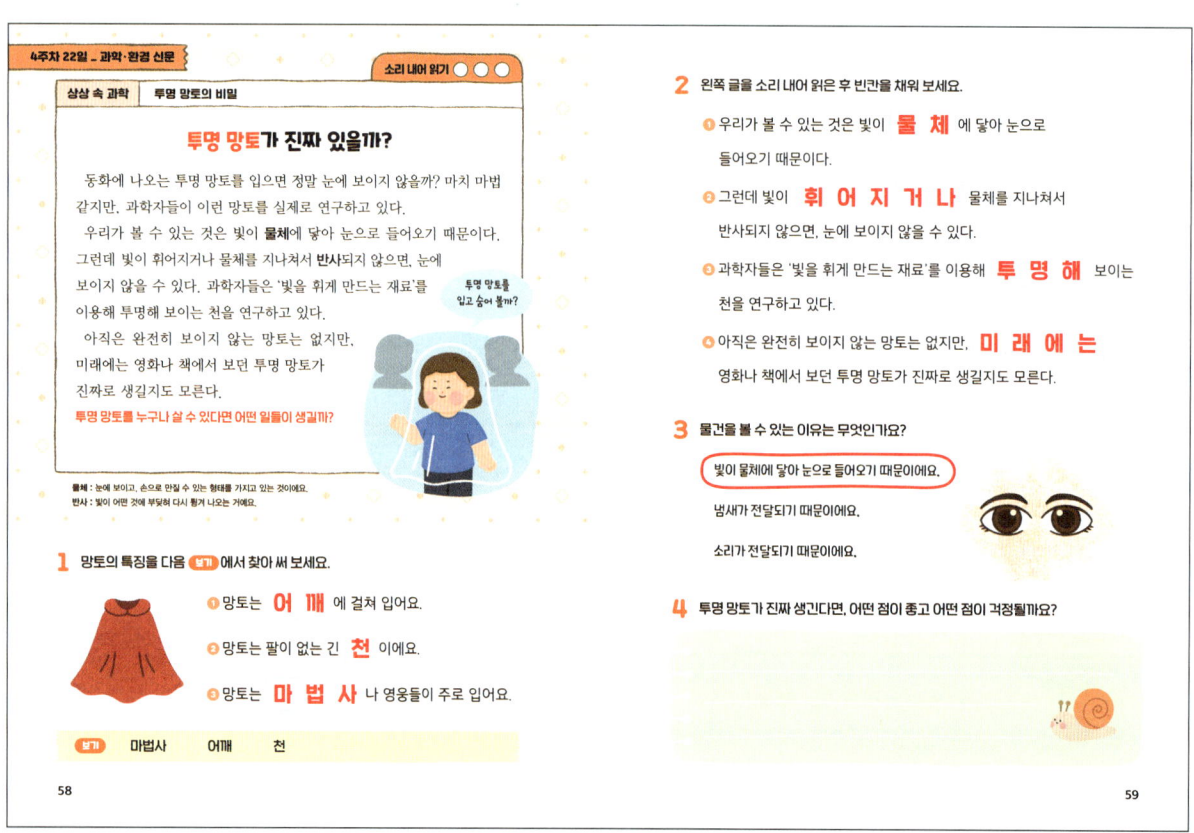

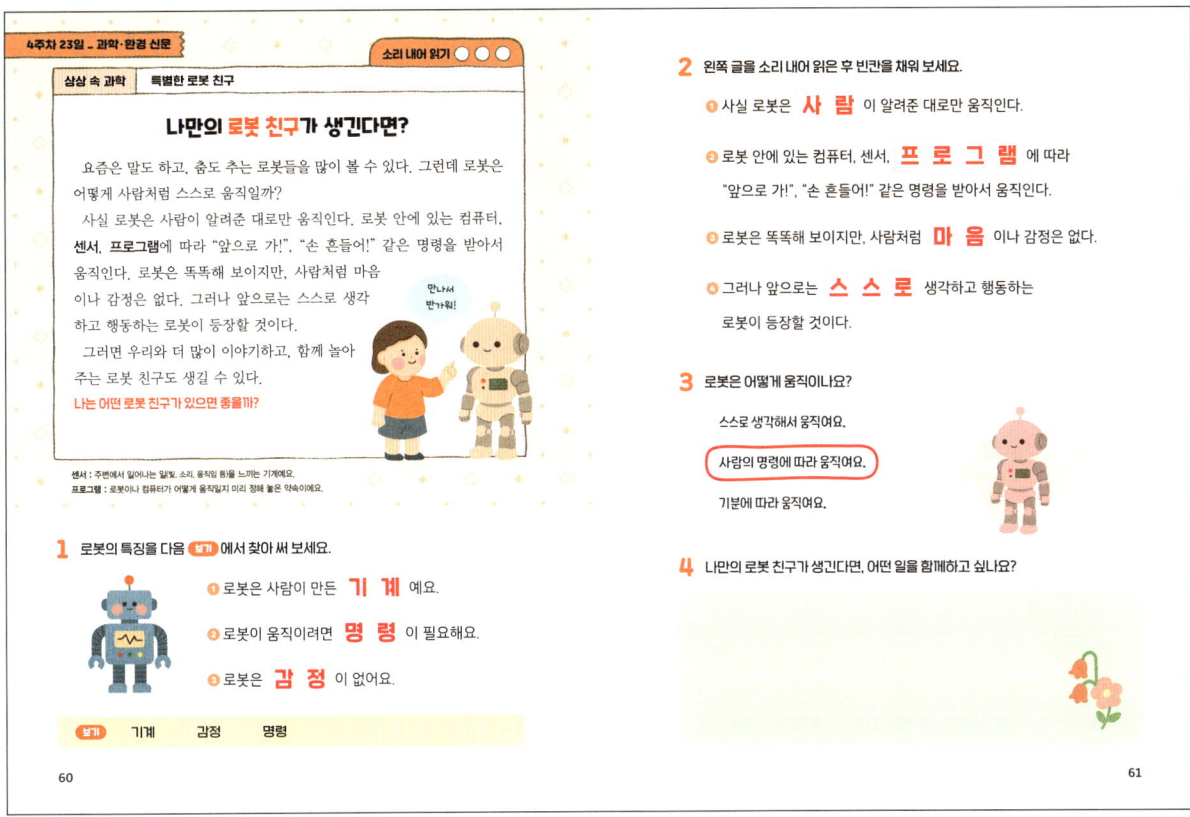

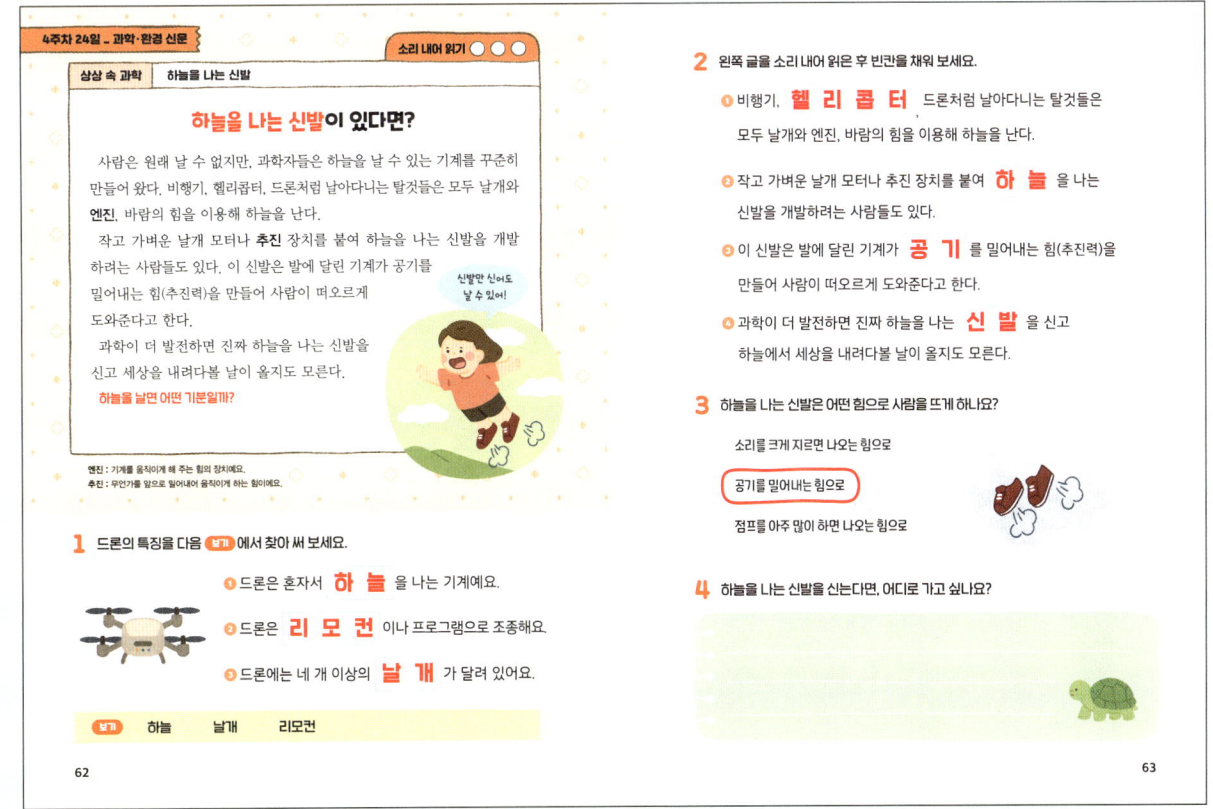

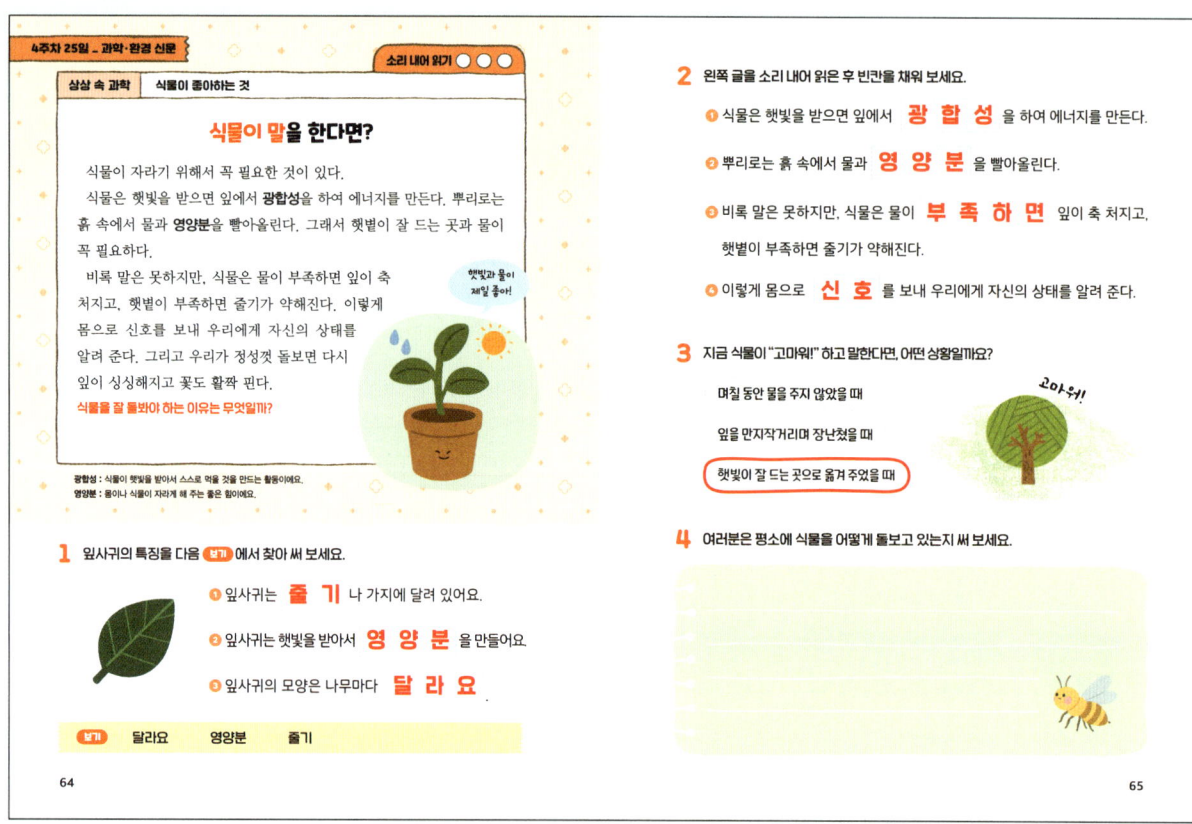

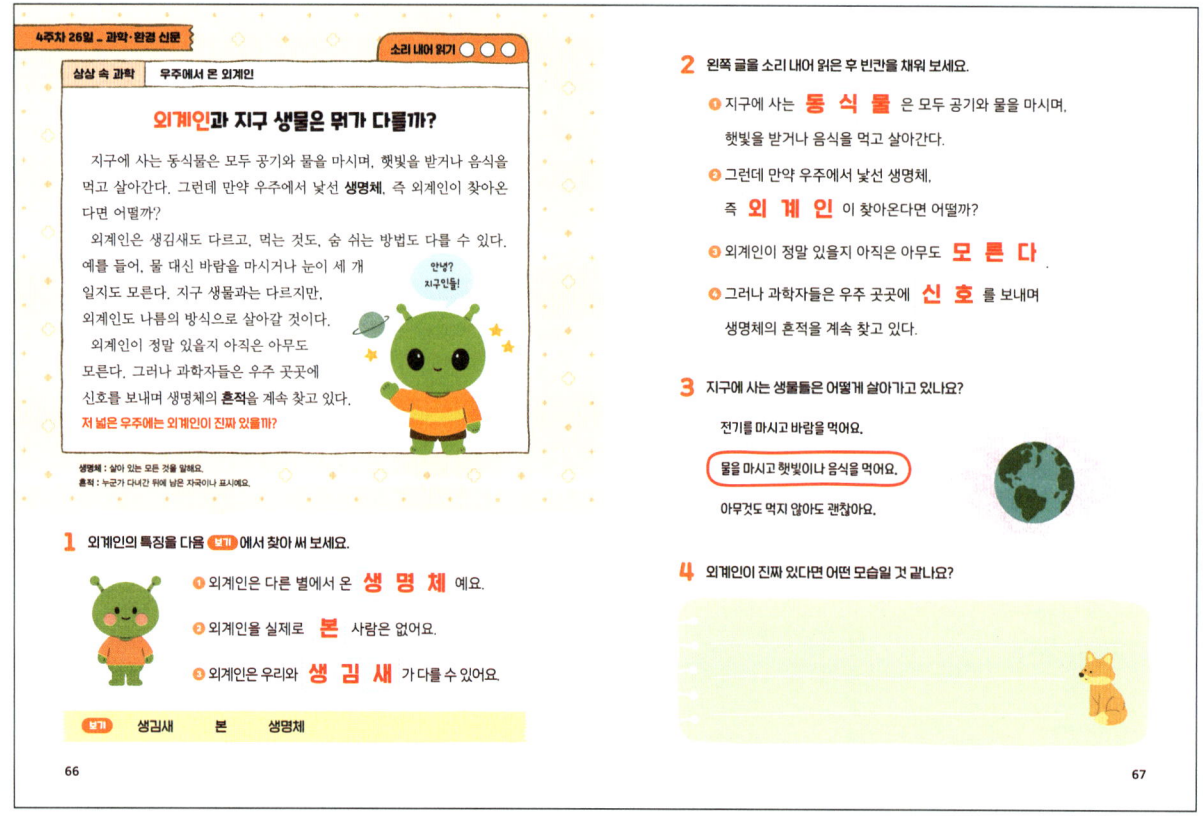

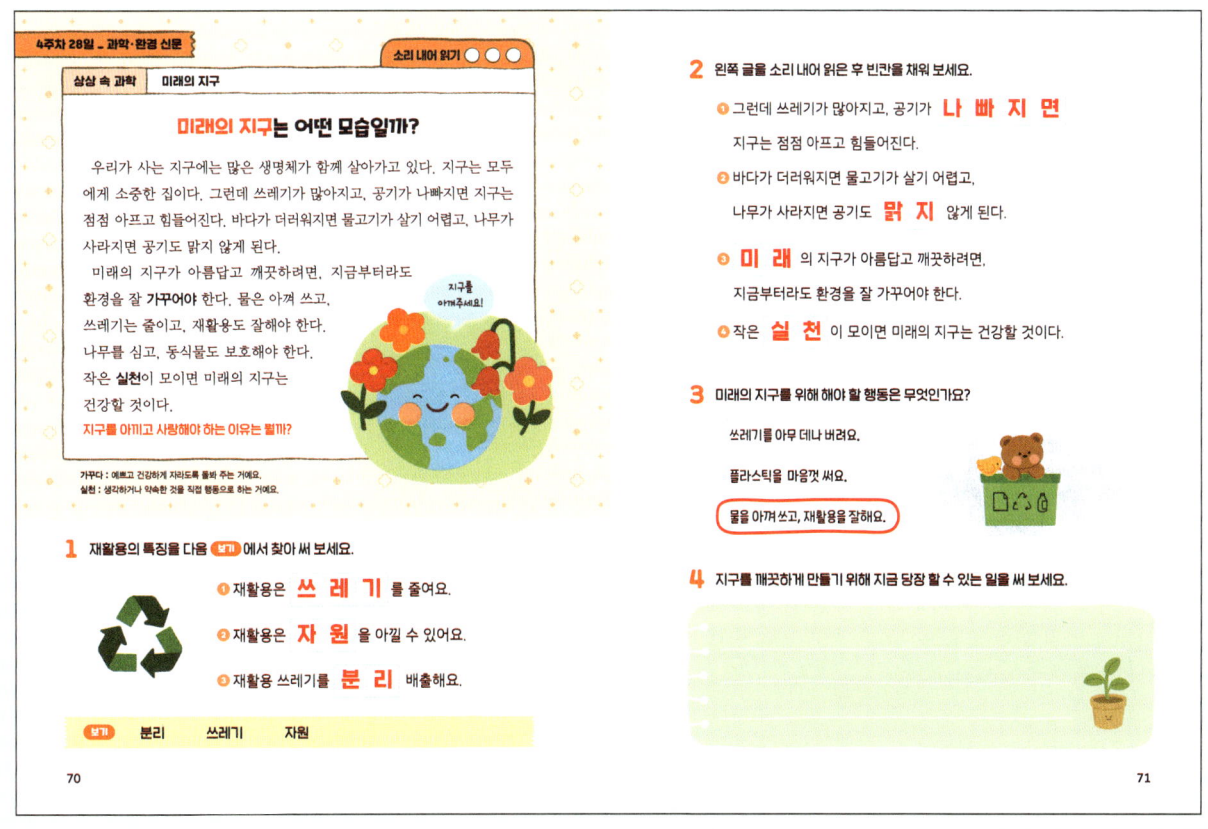

지은이 미래스쿨콘텐츠연구소

어린이의 눈높이에 맞는 교육 콘텐츠를 전문적으로 연구하고 개발합니다. 아이들이 책을 읽고, 생각하고, 표현하는 힘을 키울 수 있도록 독해·논술 중심의 문제와 학습 자료를 제작하고 있습니다.

본 연구소는 단순한 학습을 넘어 아이들이 즐겁게 배우며 자연스럽게 성장할 수 있는 방법을 끊임없이 탐구합니다. 특히, 국어 실력 향상과 사고력 발달을 최우선으로 하여 아이들이 스스로 질문하고 답을 찾아가는 힘을 기를 수 있도록 돕습니다. 앞으로도 아이들의 균형 있는 성장과 바른 학습 습관 형성을 위해 노력하며, 교육 현장과 가정에서 모두 활용할 수 있는 창의적이고 실용적인 콘텐츠를 제공할 것입니다.

그린이 달콩

따뜻한 일상을 그리는 일러스트레이터입니다. 미술을 전공한 후 다양한 기업과의 협업을 진행하며, 그림을 통해 많은 분과 이야기를 나누고 있습니다. 입시미술학원 부원장, 애플코리아 크리에이티브, '그림 챌린지&클래스'를 운영하며 창작과 교육을 함께 이어가고 있습니다. 그림은 거창한 사건보다도 햇살 가득한 오후, 바람에 흔들리는 꽃, 곁을 지켜주는 가족과 반려견 같은 소소한 풍경에서 출발합니다. 그림 한 장이 누군가의 하루에 작은 쉼표와 미소가 되어 따뜻한 온기를 전할 수 있기를 소망합니다.

📷 @dal_kong1984
✉ potato8875@naver.com

초판 1쇄 인쇄 2025년 9월 22일
초판 1쇄 발행 2025년 9월 26일

지은이 미래스쿨콘텐츠연구소
그린이 달콩
펴낸이 박수길
펴낸곳 (주)도서출판 미래지식
디자인 design ko

주소 경기도 고양시 덕양구 통일로 140 삼송테크노밸리 A동 3층 333호
전화 02)389-0152
팩스 02)389-0156
홈페이지 www.miraejisig.co.kr
전자우편 miraejisig@naver.com
등록번호 제 2018-000205호

ⓒ 미래스쿨콘텐츠연구소 2025

* 이 책의 판권은 미래지식에 있습니다.
* 값은 표지 뒷면에 표기되어 있습니다.
* 잘못된 책은 구입하신 서점에서 바꾸어 드립니다.

ISBN 979-11-93852-48-4 64700
ISBN 979-11-93852-46-0 (세트)

* 미래주니어는 미래지식의 어린이책 브랜드입니다.